Richard Wurmbrand
Das andere Gesicht des Karl Marx

Richard Wurmbrand

Das andere Gesicht des Karl Marx

Stephanus Edition Uhldingen

ISBN 3-921213-15-0

Titel der Originalausgabe „Marx: Prophet of Darkness"
Marshall Pickering

9. Auflage 2004

Titelgrafik: Jupp Schlunke
Druck: Ebner & Spiegel, Ulm

Inhaltsverzeichnis

Vorwort zur erweiterten Auflage

Dieses Buch begann als eine kleine Broschüre, die nur Hinweise auf mögliche Verbindungen zwischen dem Marxismus und dem Satanismus enthielt.

Noch nie zuvor hatte jemand gewagt, über dieses Thema zu schreiben. Daher war ich vorsichtig, ja sogar zaghaft.

Im Laufe der Zeit jedoch sammelten sich immer mehr Belege an. Der Leser möge selbst urteilen!

Wenn man nachweisen könnte, daß die geschichtlichen Urheber und Träger des Marxismus heimlich Teufelsverehrer waren, die bewußt satanische Mächte benutzten – beim bloßen Gedanken daran würde man erschauern, und selbst weltlich Gesinnte würden erbleichen. Das Okkulte – selbst in seinen sogenannten Kunstausprägungen – dient dem Schrecken.

Wenn manche meine These – das Thema dieses Buches – rundheraus ablehnen sollten, so würde mich dies nicht überraschen. Wissenschaft und Technik schreiten schnell voran, weil wir stets bereit sind, veraltete Maschinen im Tausch gegen neue Annehmlichkeiten über Bord zu werfen. Anders dagegen auf dem Gebiet der Gesellschaftswissenschaft oder der Religion. Vorstellungen sterben nicht schnell, und eine festgefaßte Anschauung kann, im Gegensatz zu einem Computerchip, nicht so einfach geändert oder ersetzt werden. Selbst mit neuen Beweisen kann man oft nicht überzeugen. Die Türen zu mancher Leute Gedanken haben rostige Angeln.

Aber ich lege weitere Beweise vor, die meine These stützen. Der Leser möge sie würdigen.

Die kommunistische Welt hat sicherlich von diesem Buch Notiz genommen; es wurde ins Russische, Chinesische, Rumänische, Tschechische und andere Sprachen übersetzt und in großen Mengen in die Länder hinter dem Eisernen Vorhang geschmuggelt.

Damals attackierte zum Beispiel die Ostberliner *„Deutsche Lehrerzeitung“* unter der Überschrift „Der Mörder von Marx“ dieses Buch vehement mit den Worten, „das am breitesten angelegte, provokativste und schändlichste Werk, das je gegen Marx geschrieben wurde“.

Ist Marx so leicht zu vernichten? Ist dies seine Achillesferse? Wäre der Marxismus diskreditiert, wenn die Menschheit von seinen Verbindungen mit dem Satanismus wüßte? Gibt es genügend Menschen, die sich darüber Gedanken machen?

Der Marxismus ist in der heutigen Welt eine feststehende Tatsache. Wie auch immer man über ihn denkt, ob man an die Existenz Satans glaubt oder nicht, welche Bedeutung man auch immer dem in manchen Kreisen praktizierten Satanskult beimißt, sollte man sich doch die hier von mir vorgelegte Dokumentation ansehen, sich mit ihr auseinandersetzen und nach ihr urteilen.

Ich denke, daß dies eine Orientierungshilfe gegenüber den Problemen ist, vor die der Marxismus heute jeden einzelnen Bewohner des Globus stellt.

Richard Wurmbrand

1. Des Teufels Advokat

Die christlichen Schriften von Marx

Bevor Marx Volkswirtschaftler und berühmter Kommunist wurde, war er Humanist. Später wurde ein Drittel der Welt marxistisch. Auch viele kapitalistische Länder haben den Marxismus in der einen oder anderen Form übernommen. Es gibt sogar Christen, jawohl, und kirchliche Vertreter in hohen Stellungen, die der Meinung sind, daß Jesus zwar die richtige Antwort auf die Frage hatte, wie man in den Himmel kommt, aber daß Marx die Fragen richtig löste, wie man den Hungrigen, Armen und Unterdrückten dieser Welt helfen kann. Marx war sehr humanistisch. Eine Idee beherrschte ihn – wie man den ausgebeuteten Massen helfen könne. Er vertrat die Überzeugung, daß der Kapitalismus sie arm mache: Wäre dieses korrupte System einmal beseitigt, so bilde sich nach einer Übergangszeit der Diktatur des Proletariats eine Gesellschaft heraus, in der jeder seinen Fähigkeiten entsprechend in Fabriken und auf Höfen, die einem Kollektiv angehörten, arbeiten und seinen Bedürfnissen entsprechend entlohnt würde. Dann gäbe es keinen Staat, der über den einzelnen herrscht, keine Kriege, keine Revolutionen – nur eine anhaltende, allgemeine Bruderschaft.

Um die Massen glücklich zu machen, braucht man mehr als einen Sturz des Kapitalismus. Marx schreibt:

„Die Aufhebung der Religion als des illusorischen Glücks des Volkes ist die Forderung seines wirklichen Glücks. Es muß die Illusion über seinen Zustand aufgeben, der der Illusion bedarf. Die Kritik der Religion ist also im Keim die Kritik des Jammertales, dessen Heiligenschein die Religion ist.“[1]

Marx war gegen die Religion, weil die Religion die Erfüllung des kommunistischen Ideals behindert, das er für die einzige Antwort auf die Probleme der Welt hielt.

So erklären Marxisten ihre Einstellung. Es gibt auch Geistliche, die sich solcher Erklärungen bedienen. Pfarrer Oesterreicher (England) sagte in einer Predigt: „Der Kommunismus, wie auch immer seine gegenwärtigen Formen aussehen mögen, ob gut oder schlecht, ist in seinem Ursprung eine Bewegung zur Emanzipation des Menschen aus der Ausbeutung durch seine Mitmenschen heraus. Soziologisch gesehen stand und steht die Kirche auch heute noch größtenteils auf der Seite der Ausbeuter der Welt. Karl Marx, dessen Theorien seine Leidenschaft für Gerechtigkeit und Brüderlichkeit kaum verbergen und die ihre Wurzel in den hebräischen Propheten haben, haßte die Religion, weil sie als Instrument zur Erhaltung eines Status quo eingesetzt wurde, in dem Kinder Sklaven waren und sich zu Tode arbeiteten, um andere hier in Großbritannien reich zu machen. Es war keine billige Redensart, wenn man vor hundert Jahren sagte, daß Religion das Opium des Volkes sei ... Als Glieder des Leibes Christi müssen wir zu einfacher Reue kommen und wissen, daß wir tief in der Schuld eines jeden Kommunisten stehen."[2]

Der Marxismus macht Eindruck, weil er Erfolg hat, aber Erfolg beweist noch lange nichts. Auch Medizinmänner haben Erfolg. Erfolg bestätigt sowohl Irrtümer wie auch Wahrheiten. Fehler sind unbezahlbar. Sie eröffnen den Weg zu tiefer Wahrheit. So wollen wir einige Werke von Marx analysieren, ohne uns von ihrem Erfolg beeinflussen zu lassen.

In seiner frühen Jugend war Karl Marx Christ. Sein Religionsaufsatz im Abitur trägt den Titel *„Die Vereinigung der Gläubigen mit Christo"* (nach Joh. 15,1–14.). Darin lesen wir die herrlichen Worte:

„So besteht die Vereinigung mit Christo aus der innigsten, lebendigsten Gemeinschaft mit ihm darin, daß wir so von Christi Liebe durchdrungen sind, daß wir unser Herz zugleich den Brüdern zuwenden, die er inniger mit uns verbunden und für die er sich auch geopfert hat."

Also kannte Marx einen Weg, wie Menschen liebevolle Brüder werden können – durch das Christentum.

Er fährt fort:

„Also leiht die Vereinigung mit Christo innere Erhebung, Trost im Leiden, ruhige Zuversicht und ein Herz, das der Menschenliebe, das allem Edlen, allem Großen nicht aus Ehrgeiz, nicht aus Ruhmsucht, sondern nur Christi wegen geöffnet ist."[3]

Zum selben Zeitpunkt erklärt er in seinem Aufsatz *„Betrachtungen eines Jünglings bei der Wahl seines Berufes"*: „Die Religion selbst lehrt uns, daß das Ideal, dem alle nachstreben, sich für die Menschheit geopfert habe, und wer wagt solche Ansprüche zu vernichten? Wenn wir den Stand gewählt, in dem wir am meisten für die Menschheit wirken können, dann können uns Lasten nicht niederbeugen, weil sie nur Opfer für alle sind."[4]

Dennoch muß man darauf hinweisen, daß er in seinem Abituraufsatz sechsmal das Wort „vernichten" verwendet hat, im Gegensatz zu seinen Mitschülern, von denen es kein einziger in diesem Examen benutzte. „Vernichte" wurde dann zu seinem Spitznamen. Es lag nahe, daß er zu zerstören wünschte, da er von der Menschheit als „menschlicher Abfall" sprach und sagte: „Mich besucht niemand, und das ist mir lieb, denn die heutige Menschheit kann . . . (obszöner Ausdruck). Sie besteht aus einem Haufen Schurken."

Keine Umkehr oder Abtrünnigkeit ändert den Menschen vollkommen. Es kommt manchmal nach einer derartigen Kehrtwendung in der Denkweise vor, daß sich der alte Glaube oder Unglaube wieder ins Bewußtsein drängt. Das beweist, daß er nicht aus den Gedanken ausgelöscht, sondern nur ins Unterbewußtsein verdrängt wurde.

Der alte Christuskomplex taucht noch lange in Marx'

Schriften auf, selbst dann noch, als er sich zum militanten Bekämpfer aller Religion aufwarf.

Selbst in einem so schwer verständlichen Buch über politische Wirtschaft wie *„Das Kapital"*, in dem Gedanken über Religion nicht gerade üblich sind, schrieb der erwachsene, antireligiöse Marx völlig zusammenhanglos: „Das Christentum mit seinem Kult des abstrakten Menschen, und besonders in seiner bourgeoisen Entwicklung, dem Protestantismus, Deismus usw., ist die geeignetste Form der Religion."[5]

Vergessen wir nicht, daß Marx einmal gläubiger Christ war.

In seinem letzten Zeugnis auf dem Gymnasium stand folgendes unter „Religionserziehung": „Seine Kenntnis des christlichen Glaubens und der moralischen Grundsätze ist klar und sehr fundiert. Er kennt sich auch ein wenig in der Geschichte der christlichen Kirche aus."[6]

Erste Schriften gegen Gott

Kurz nachdem er dieses Zeugnis erhalten hatte, geschah etwas Mysteriöses in seinem Leben. Lange bevor Moses Hess ihn 1841 zur sozialistischen Überzeugung brachte, war er leidenschaftlich antireligiös geworden.

Schon während seiner Studentenjahre hatte sich ein anderer Marx herausgebildet.

Er schreibt in einem Gedicht: „Ich möchte mich an dem Einen rächen, der dort oben herrscht."[7] Er war also überzeugt, daß es einen im Himmel gibt, der herrscht. Er hatte Streit mit ihm. Aber der Eine dort oben hatte ihm nichts getan. Marx gehörte einer relativ wohlhabenden Familie an. Er hatte in seiner Kindheit nie gehungert. Er hatte es besser als viele Kommilitonen. Was erzeugte diesen entsetzlichen Haß gegen Gott?

Über ein persönliches Motiv ist nichts bekannt. War

Karl Marx mit dieser Erklärung nur das Sprachrohr eines anderen?

In einem Alter, in dem jeder normale junge Mensch Träume hegt, anderen Gutes zu tun, und seine eigene Zukunft plant, schrieb er folgende Zeilen in seinem Gedicht „Des Verzweifelnden Gebet". Warum?

„Einen Thron will ich mir auferbauen,
kalt und riesig soll sein Gipfel sein,
sein Bollwerk sei ihm übermenschlich Grauen,
und sein Marschall sei die düst're Pein!
Wer mit gesundem Auge darauf sieht,
soll tödlich blaß und stumm sich wenden,
von blinder, kalter Sterblichkeit ergriffen,
soll das Glück sein Grab bereiten."[8]

Marx träumte davon, die von Gott erschaffene Welt zu zerstören. In einem anderen Gedicht schrieb er:

„Götterähnlich darf ich wandeln.
Siegreich ziehen durch ihr Ruinenreich,
Jedes Wort ist Glut und Handel.
Meine Brust dem Schöpferbusen gleich."[9]

Die Worte „ich möchte mir einen Thron errichten" und das Bekenntnis, daß von dem, der auf diesem Thron sitzt, nur Furcht und Leid kommen, erinnern an die überhebliche Prahlerei Luzifers: „Ich will in den Himmel steigen und meinen Stuhl über die Sterne Gottes erhöhen" (Jesaja 14,13).

Es ist vielleicht kein Zufall, daß Bakunin, der eine Zeitlang einer seiner engsten Freunde war, schrieb: „Man muß Marx verehren, damit man von ihm geliebt wird. Man muß ihn zumindest fürchten, damit man von ihm akzeptiert wird . . . Marx ist extrem stolz, bis hin zu Gemeinheit und Wahn."[9a]

Wozu einen derartigen Thron? Die Antwort findet sich in einem Drama, das kaum bekannt ist und das Marx ebenfalls während seiner Studienjahre verfaßte. Es heißt *„Oulanem"*. Zur Erklärung dieses Titels muß ich etwas abschweifen.

Es gibt eine Satanskirche. Zu ihren Ritualen gehört die schwarze Messe, die ein Teufelspriester um Mitternacht hält. Schwarze Kerzen werden verkehrt in die Kerzenhalter gesteckt. Der Priester trägt sein Gewand, aber mit dem Futter nach außen.

Alles, was in seinem Gebetbuch steht, sagt er von hinten nach vorne. Die Namen Gottes, Jesu und Marias werden verkehrt gelesen. Eine heilige Hostie, die aus einer Kirche gestohlen wurde, wird verhöhnt, wenn der Teufelspriester zu den Worten kommt, mit denen Jesus das heilige Abendmahl einsetzte: „Nehmet hin und esset. Das ist mein Leib, für euch dahingegeben. Nehmet hin und trinket, das ist mein Blut, das Blut des Neuen Testaments, für euch vergossen." Ein Kruzifix wird umgekehrt aufgehängt oder es wird darauf herumgetreten. Der Körper einer nackten Frau dient als Altar. Eine Hostie wird mit dem Namen Satans versehen und für ein Verhöhnungsabendmahl verwendet. Während der schwarzen Messe wird eine Bibel verbrannt. Alle Anwesenden versprechen, alle sieben Todsünden zu begehen, die im katholischen Katechismus stehen und niemals Gutes zu tun. Dann folgt die Orgie.

Die Teufelsanbetung ist sehr alt. Die Bibel hat uns viel darüber – und dagegen – zu sagen. In 5. Mose 32,17 steht, daß die Juden, obwohl sie grundsätzlich die richtige Religion hatten, manchmal im Glauben schwankten und dann den Teufeln opferten. König Jerobeam von Israel ließ den Teufeln später sogar Priester weihen (2. Chronik 11,15).

So glauben die Menschen schon von jeher an die

Existenz des Teufels. Sünde und Bosheit sind die Insignien seines Reiches, Auflösung und Zerstörung die logische Konsequenz.

Die ungeheure Konzentration von bösen Plänen in alter Zeit wie auch im modernen Kommunismus und unter der Hitlerherrschaft wäre ohne eine einigende Energie, den Teufel, unmöglich gewesen.

Er war der Kopf des Ganzen, der im Geheimen wirkte und die einende Kraft in seinem großen Plan zur Unterwerfung der Menschheit erzeugte.

Es ist bezeichnend, daß es sich bei *„Oulanem"* um eine Verdrehung eines heiligen Namens handelt: Es ist ein Anagramm von Emanuel, einem biblischen Namen für Jesus, was auf hebräisch „Gott mit uns" bedeutet.

Solche Namensverdrehungen werden in der Schwarzen Magie für wirksam gehalten.

Und nun hören Sie sich zuerst das seltsame Geständnis an, das Marx in seinem Gedicht *„Der Spielmann"* ablegt:

„Was, was! Ich stech', stech' ohne Fehle
Blutschwarz den Säbel in deine Seele,
Gott kennt sie nicht, Gott ach't nicht die Kunst,
Die stieß in den Kopf aus Höllendunst,
Bis das Hirn vernarrt, bis das Herz verwandelt,
Die hab' ich lebendig vom Schwarzen erhandelt!
Der schlägt mir den Takt, der kreidet die Zeichen . . ."[10]

Diese Zeilen werden bedeutungvoll, wenn man weiß, daß in den Ritualen der höheren Weihe im Teufelskult dem Kandidaten ein verzaubertes Schwert verkauft wird, das Erfolg zusichert. Er bezahlt dafür, indem er mit Blut aus seinen Adern einen Schwur unterschreibt, daß seine Seele nach dem Tod dem Teufel gehören wird.

Um Gedichte wie dieses besser verständlich zu machen, muß ich erwähnen, daß *„Die satanische Bibel"* Satan „den unaussprechlichen Fürsten der Finsternis, der die Erde beherrscht" nennt, nachdem sie sagt, daß „das Kruzifix blasse Unfähigkeit, die an einem Baum hängt, symbolisiert". Im Gegensatz zu „der beständigen Schändlichkeit Bethlehems", „dem verfluchten Nazarener", „dem unfähigen König", „dem vergänglichen und stummen Gott", „schändlichen und verabscheuten Thronbewerber der Erhabenheit Satans" wird der Teufel „Herr des Lichtes" genannt, und Engel „ducken sich, zittern vor Angst und werfen sich vor ihm nieder" und „lassen christliche Günstlinge in ihr Verderben taumeln".

Und jetzt zitiere ich aus dem Einakter *„Oulanem"*:

„Und noch mehr weiß ich, andere sind noch hier,
die sind auch Oulanem, *auch* Oulanem!
Der Name klingt, wie Tod, er klingt fort,
bis er im schnöden Träger ausgeklungen.
Halt! Hab' ich's jetzt! Es steigt aus meiner Seele,
so klar wie Luft, so fest wie meine Knochen,
geharnischt steht sein Schwur mir vor den Augen,
ich hab's gefunden und ihn laß ich's finden!"[11]
„Doch dich, dich personifizierte Menschheit,
fassen meine Jugendarme,
sie klammern krampfhaft sich um deine Brust,
der Abgrund gähnt uns beiden Nacht herauf,
und sinkst du unter, lächelnd folg' ich nach,
und raun' dir zu, hinab! Komm mit, Genosse!"[12]

Die Bibel, die Marx in seiner Universitätszeit studiert hatte und die er in reifen Jahren sehr gut kannte, sagt aus, daß der Teufel von einem Engel gebunden und in den Abgrund der Hölle geworfen wird. Marx will die ganze Menschheit in diesen Abgrund ziehen, der für den Teufel und seine Engel reserviert ist.

Wer spricht in diesem Drama aus Marx? Ist es vernünftig, von einem jungen Menschen zu erwarten, daß er als Lebenstraum die Vision der Menschheit, die dem Abgrund der Finsternis entgegengeht, nährt (äußere Finsternis ist ein biblischer Ausdruck für Hölle) und selbst lacht, wenn er denen folgt, die er in den Unglauben führte? Nirgends in der Welt wird dieses Ideal verkündigt, außer in den höchsten Weiheriten der Teufelsgemeinde.

Dann kommt für Oulanem die Zeit des Todes. Seine Worte lauten:

„Verfall'n! Die Stunde, sie ist abgelaufen,
die Horen stehn, der Zwergbau stürzt zusammen!
Bald preß' ich Ewigkeit ans Herz und heule
der Menschheit Riesenfluch in sie hinein."[13]

Marx liebte die Worte in Goethes *„Faust"*:

„Alles, was besteht, ist wert, daß es zugrunde geht."

Alles – einschließlich des Proletariats und der Genossen. Marx zitierte diese Worte in *„Der Achtzehnte Brumaire des Louis Bonaparte"*.[14] Stalin handelte nach ihnen und zerstörte sogar seine Familie.

Im *„Faust"* wird Satan der Geist, der stets verneint, genannt. Dies entspricht genau der Einstellung von Marx. Er schreibt über „mitleidlose Kritik an allem Bestehenden", und „Krieg gegen die Lage in Deutschland", „gnadenlose Kritik an allem", „Es ist die erste Pflicht der Presse, die Fundamente des bestehenden politischen Systems zu untergraben".[14a]

Marx sagte von sich selbst, daß er „der größte Hasser des sogenannten Positiven" sei.[14b]

Die Teufelssekte ist nicht materialistisch. Sie glaubt an ein ewiges Leben. Oulanem, die Person, für die Marx spricht, ficht das ewige Leben nicht an. Er bestätigt es sogar, aber als ein Leben des Hasses, bis zum Extrem übertrieben. Es ist bemerkenswert, daß Ewigkeit für die Teufel „Qual" bedeutet. Und so wurde auch Jesus von den Dämonen gefragt: „Bist du hergekommen, um uns vor der Zeit zu quälen?" (Matth. 8,29)

Ebenso bei Marx:

„Ha, Ewigkeit! Das ist ein ewiger Schmerz,
ein unaussprechlich unermeßlich Tod!
Schnöd' Kunstwerk, blindmechanisch aufgezogen,
des Zeitenraums Kalendernarr zu sein,
zu sein, damit doch irgendwas geschieht,

zerfall'n, damit doch irgendwas zerfällt!"[15]

Wir fangen an zu verstehen, was mit dem jungen Marx geschehen ist. Er hatte christliche Überzeugungen, aber kein Glaubensleben. Seine Korrespondenz mit seinem Vater zeugt von der Verschwendung großer Geldsummen für Vergnügungen und von seinem ständigen Streit mit der elterlichen Autorität über diese und andere Angelegenheiten. Dann kam er offensichtlich mit der geheimen Teufelsgemeinde in Berührung und empfing die Riten der Weihe. Satan, den seine Verehrer in halluzinatorischen Orgien sehen, spricht durch sie. So wird Marx nun zum Sprachrohr des Teufels, wenn er in seinem Gedicht „Des Verzweifelnden Gebet" die Worte ausspricht:

„Ich will mich an dem Einen rächen,
der dort oben herrscht."

Hören wir uns doch das Ende von *„Oulanem"* an:

„Gäb's außer ihr ein Etwas, das verschlänge,
ich spräng' hinein, müßt' ich 'ne Welt zertrümmern,
die zwischen ihr und mir sich aufgetürmt!
Zerschell'n müßt sie am langgedehnten Fluche.
Die Arme schlüg' ich um das harte Sein,
und mich umarmend müßt' es stumm vergehn,
und dann hinab, versinken in dem Nichts,
ganz untergehn, nicht sein, es wäre Leben . . ."[16]

Marx ließ sich wahrscheinlich von den Worten des Marquis de Sade inspirieren: „Ich hasse die Natur. Ich möchte diesen Planeten zerteilen, seine Bahn unterbrechen, die Sternenkreise anhalten, die Weltkugeln im All umstürzen, zerstören, was Natur ist, schützen, was sie verletzt – mit einem Wort, ich möchte sie in meinen Werken schmähen . . . Vielleicht können wir einmal die Sonne angreifen, sie dem Universum entreißen oder sie benutzen, um die Welt in Flammen zu setzen. Das wären echte Verbrechen."

De Sade und Marx vertreten dieselben Vorstellungen.

Aufrechte Menschen und von Gott erleuchtete Menschen versuchen oft, ihren Mitmenschen zu dienen, indem sie Bücher schreiben, um ihren Wissensschatz zu erweitern, ihre Moral zu bessern, religiöse Gefühle anzuregen oder wenigstens Entspannung und Erheiterung zu bieten.

Der Teufel ist das einzige Wesen, das der Menschheit durch seine auserwählten Diener bewußt nur Böses bringt.

Soweit ich weiß, ist Marx der einzige namhafte Autor, der seine eigenen Schriften jemals „Scheiße" und „schweinische Bücher"[16a] genannt hat. Er setzt seinen Lesern bewußt Schmutz vor. Es ist daher nicht erstaunlich, daß seine Jünger, die Kommunisten in Rumänien und Mozambique, Gefangene dazu zwangen, ihre eigenen Exkremente zu essen und ihren eigenen Urin zu trinken.[16b]

In *„Oulanem"* tut Marx dasselbe wie der Teufel. Er schickt die ganze menschliche Rasse in die Verdammnis. Er will durch seinen Fluch die ganze Welt zertrümmern. *„Oulanem"* ist vielleicht das einzige Drama der Welt, in dem sich alle Personen ihrer eigenen Verderbtheit bewußt sind, sie offen zeigen und voller Überzeugung feiern. In diesem Drama gibt es kein Schwarz und Weiß. Es gibt nicht Klaudius und Ophelia, Jago und Desdemona. Hier sind alle schwarz, und alle erfüllen Aspekte des Mephisto. Alle sind satanisch, korrupt und verdammt.

Satan in der Familie von Marx

Als Marx diese Dinge schrieb, war er ein frühreifer Genius von 18 Jahren. Das Programm seines Lebens stand schon fest. Es war nicht die Rede vom Dienst an der Menschheit, am Proletariat oder Sozialismus. Er wollte die Welt ins Verderben stürzen. Er wollte sich einen Thron errichten, dessen Bollwerk menschliches Schaudern sein sollte.

In diesem Stadium finden wir ein paar rätselhafte Sätze in der Korrespondenz zwischen Karl Marx und seinem

Vater. Der Sohn schreibt: „Ein Vorhang war gefallen, mein Allerheiligstes zerrissen, und es mußten neue Götter hineingesetzt werden."[17] Diese Worte wurden am 10. November 1837 von einem jungen Mann geschrieben, der sich bis dahin zum Christentum bekannt hatte. Er hatte erklärt, daß Christus in seinem Herzen wohne. Nun war das nicht mehr der Fall. Wer sind die neuen Götter, die an seinen Platz getreten sind?

Der Vater erwiderte am 10. Februar 1838:

„Ich habe Dir hiervon bereits im ersten Jahr Deiner juristischen Laufbahn einen unwiderleglichen Beweis gegeben, indem ich über einen sehr dunklen Punkt nicht einmal Aufklärung verlangte, ungeachtet er sehr problematisch war."[18]

Worum handelte es sich bei dieser mysteriösen Sache? Bis heute hat noch kein einziger Biograph diese seltsamen Sätze erklärt.

Am 2. März 1837 schrieb sein Vater: „Doch im Grunde gehören diese Gefühle größtenteils dem schwachen Menschen und sind nicht rein von allen Schlacken, als da sind Stolz, Eitelkeit, Egoismus usw. Aber ich kann Dir versichern, daß die Verwirklichung dieser Illusion mich nicht glücklich zu machen vermöchte. Nur wenn Dein Herz rein bleibt und rein menschlich schlägt und kein dämonisches Genie imstande sein wird, Dein Herz den besseren Gefühlen zu entfremden – nur alsdann würde ich das Glück finden, das ich mir seit langen Jahren durch Dich erträume . . ."[19]

Was veranlaßte den Vater dazu, plötzlich der Angst vor dämonischen Einflüssen auf seinen jungen Sohn Ausdruck zu geben, der sich bis dahin zum Christentum bekannt hatte?

Waren es die Gedichte, die er zu seinem 55. Geburtstag von seinem Sohn erhielt?

Das folgende Zitat ist Marx' Gedicht über Hegel entnommen:

„Die Worte, die ich lehre, sind in ein teuflisches

Durcheinander gefaßt. So mag jeder denken, was er will."[20]

In einem weiteren Epigramm über Hegel finden sich folgende Worte:

„Weil ich das Höchste entdeckt,
Und die Tiefe sinnend gefunden,
Bin ich groß wie ein Gott,
Hüll' mich in Dunkel wie er."[21]

In seinem Gedicht *„Die blasse Maid"* schreibt er:

„So hab' ich den Himmel verscherzt,
ich weiß es genau.
Meine Seele, die einst Gott gehörte,
ist nun für die Hölle bestimmt."[22]

Diese Worte bedürfen keines Kommentars.

Marx hatte mit künstlerischen Ambitionen begonnen. Seine Gedichte und Dramen sind wichtig, weil sie den Zustand seines Herzens offenbaren, aber literarisch gesehen fehlt ihnen jeder Wert, und daher erlangten sie auch keine Anerkennung.

Ein Mangel an Erfolg im Drama bescherte uns einen Goebbels, den Propagandaminister der Nazis, mangelnder Erfolg in Philosophie einen Rosenberg, den Verbreiter des deutschen Rassismus, mangelnder Erfolg in Malerei und Architektur bescherte uns einen Hitler.

Hitler war auch ein Dichter. Man kann davon ausgehen, daß er die Gedichte von Marx niemals gelesen hatte, die Ähnlichkeit ist jedoch frappierend. Er erwähnt in seinen Gedichten dieselben satanischen Praktiken. Ich zitiere eines davon:

„In rauhen Nächten geh ich zuweilen
Zur Eiche Wotans in den stillen Garten,
Einen Pakt mit den finsteren Mächten zu schließen.
Das Mondlicht läßt die Runen erscheinen.
Die am Tage im Sonnenlicht badeten
Werden klein vor dem magischen Spruch ..."[23]

Wotan ist der Hauptgott der germanischen heidnischen Mythologie. Runen sind alte germanische Schriftzeichen.

Hitler gab seine dichterische Laufbahn bald auf. Ebenso Marx, der dafür eine Laufbahn als Revolutionär im Namen Satans gegen eine Gesellschaft antrat, die seine Gedichte nicht zu würdigen wußte. Es ist denkbar, daß dies einer der Gründe für seine totale Auflehnung war. Als Jude verachtet zu werden, war ein anderer.

Zwei Jahre nach dem besorgten Brief seines Vaters, im Jahre 1839, schrieb Marx seine Dissertation „Differenz der demokritischen und epikureischen Naturphilosophie", in der er sich selbst der Erklärung von Äschylus' Prometheus anschließt: „Mit einem Wort, ganz haß' ich all und jeden Gott"[24] (Vorrede). Marx erklärt das näher durch die Äußerung, daß er gegen alle Götter auf Erden und im Himmel sei, die das menschliche Selbstbewußtsein nicht als oberste Gottheit anerkennen.

Marx war ein geschworener Feind aller Götter, ein Mann, der sein Schwert vom Fürsten der Finsternis um den Preis seiner Seele gekauft hatte. Er hatte sich zum Ziel gesetzt, die ganze Menschheit in den Abgrund zu ziehen und lachend zu folgen.

Hat Marx sein Schwert tatsächlich von Satan gekauft?

Seine Tochter Eleanor berichtet, daß Marx ihr und ihrer Schwester viele Geschichten erzählt habe, als sie noch klein waren. Eine Geschichte mit einem gewissen Hans Röckle habe ihr dabei am besten gefallen. „Diese Geschichte dauerte viele Monate und hatte kein Ende. Hans Röckle war ein Zauberer, der ein Geschäft mit Spielsachen besaß, aber hohe Schulden hatte . . . Obwohl er ein Zauberer war, befand er sich ständig in Geldnot. So mußte er gegen seinen Willen all seine schönen Sachen nach und nach dem Teufel verkaufen. Manche dieser Abenteuer waren so grausig, daß einem die Haare zu Berge standen."[25]

Ist es normal, wenn ein Vater seinen kleinen Kindern

so entsetzliche Geschichten erzählt, wie man sein Liebstes an den Teufel verkauft? Robert Payne geht auf diesen Vorfall ausführlich in seinem Buch *„Marx“*[26] ein. Eleanor schildert, wie unglücklich Röckle, der Zauberer, nur widerstrebend seine Spielsachen verkaufte und sich bis zuletzt nicht von ihnen trennen konnte. Aber da er mit dem Teufel einen Bund geschlossen hatte, gab es kein Entrinnen mehr.

Payne schreibt weiter: „Es besteht wohl kaum ein Zweifel daran, daß diese unvollendeten Geschichten autobiographisch waren ... Er hatte die Weltanschauung des Teufels und auch dessen Arglist. Manchmal schien er zu wissen, daß er das Werk des Teufels ausführte.“[27]

Als Marx *„Oulanem“* und seine anderen frühen Gedichte beendet hatte, in denen er zum Ausdruck brachte, daß er mit dem Teufel im Bunde stand, dachte er mit keinem Gedanken an den Sozialismus. Er bekämpfte ihn sogar. Er war Redakteur einer deutschen Zeitschrift, der *„Rheinischen Zeitung“*, die „den kommunistischen Ideen in ihrer jetzigen Gestalt nicht einmal theoretisch Gültigkeit zugesteht, also noch weniger ihre praktische Verwirklichung wünscht oder auch nur für möglich hält. Auf Versuche der Massen, kommunistische Ideen durchzuführen, kann man, sobald sie gefährlich werden, mit Kanonen antworten ...“[28]

Marx wird Gott aus dem Himmel jagen

In diesem Stadium trifft Marx Moses Hess, den Mann, der in seinem Leben die wichtigste Rolle spielen sollte, denjenigen, der ihn angeblich dazu brachte, das sozialistische Ideal anzunehmen.

Hess nennt ihn „Dr. Marx, mein Abgott, der der mittelalterlichen Religion und Politik den Todesstoß versetzen wird“.[29] Also ist der Tritt in den Rücken der Religion das erste Ziel, nicht der Sozialismus!

Georg Jung, ein weiterer Freund von Marx zu jener Zeit, formulierte es noch klarer: daß Marx Gott gewiß aus seinem Himmel herausschmeißen und ihm noch obendrein einen Prozeß an den Hals hängen wird.

Marx nennt die christliche Religion eine der unsittlichsten.[30]

Kein Wunder, daß Marx glaubte, die Christen früherer Zeiten hätten Menschen erschlagen und ihr Fleisch gegessen.

Dies war also die Erwartung derer, die Marx in die Tiefen des Satanismus einführten. Es stimmte überhaupt nicht, daß Marx hochfliegende Ideale verfolgte, wie man der Menschheit helfen könnte, daß die Religion ein Hindernis für diese Ideale war und daß Marx aus diesem Grunde eine antireligiöse Haltung einnahm. – Im Gegenteil. Marx haßte alle Götter, er haßte jede Vorstellung von Gott. Er war gewillt, der Mensch zu sein, der Gott hinauswarf. Der Sozialismus war nur der Köder, um Proletarier und Intellektuelle zur Annahme eines teuflischen Ideals zu verführen.

Schließlich leugnete Marx die Existenz eines Schöpfers ab. So dumm dies auch erscheinen mag, er behauptete, daß die Menschheit sich selbst gestaltet habe. Er schrieb: „In Anbetracht der Tatsache, daß für den Sozialisten die ganze sogenannte Weltgeschichte nichts anderes ist als menschliches Werk durch menschliche Arbeit, als die Entwicklung der Natur für den Menschen, so hat er den unbestreitbaren Beweis, daß er aus sich selbst geboren ist ... Die Kritik an der Religion endet mit der Lehre, daß der Mensch das höchste Wesen für den Menschen ist.“

Wenn die Existenz eines Schöpfers geleugnet wird, dann gibt es niemanden, der uns Gebote machen kann. Er bestätigt dies, indem er feststellt: „Kommunisten predigen keinerlei Moral.“

2. Seelen für Satan

Als die Sowjets ganz am Anfang zu dem Slogan griffen „Wir wollen die Kapitalisten von der Erde und Gott aus dem Himmel vertreiben", erfüllten sie damit nur das Vermächtnis von Karl Marx.

Schon an anderer Stelle erwähnte ich die Umkehrung von Namen als eine Besonderheit der Schwarzen Magie. Diese Verdrehungen waren so in Marx' Denkweise verankert, daß er sie überall anwandte. Er beantwortete Proudhons Buch *„Die Philosophie des Elends"* mit einem anderen: „Das Elend der Philosophie". Darin schrieb er: „Die Waffe der Kritik kann allerdings die Kritik der Waffe nicht ersetzen."[31]

Hier sind noch einige weitere Beispiele für die Verwendung von Umkehrungen in den Schriften von Marx:

„Suchen wir das Geheimnis des Juden nicht in seiner Religion, sondern suchen wir das Geheimnis der Religion im wirklichen Juden."[31a]

„Luther hat den Glauben in die Autorität gebrochen, weil er die Autorität des Glaubens restauriert hat. Er hat die Pfaffen in Laien verwandelt, weil er die Laien in Pfaffen verwandelt hat."[31b]

Marx wendet diese Technik an vielen Stellen an. Er hat das, was man als typisch satanischen Stil bezeichnen könnte.

Haben Sie sich schon einmal über Marx' Frisur gewundert? Männer pflegten zu seiner Zeit Bärte zu tragen, aber nicht von der Art, wie er ihn trug, und sie hatten auch keine langen Haare. Marx' Art, sich zu geben, war charakteristisch für die Jünger der Joanna Southcott, einer Teufelspriesterin, die sagte, sie stehe in Verbindung mit dem Dämonen Schiloh.[32]

Es ist doch seltsam, daß etwa 60 Jahre nach ihrem

Tod, im Jahre 1814, „ein Soldat namens James White, der nach seiner Armeezeit in Indien nach Hause zurückgekehrt war, der Chatham-Gruppe der Southcottianer beitrat, die dortige Führung übernahm und die Lehren Joannas ... mit einem kommunistischen Anstrich weiterentwickelte“.[33]

Marx sprach öffentlich nicht viel über Metaphysik, aber wir können seine Einstellung an den Männern ablesen, mit denen er zusammen war. Einer seiner Genossen in der Ersten Internationalen war Bakunin, ein russischer Anarchist, der schrieb: „Der Teufel ist die satanische Revolte gegen göttliche Autorität, eine Revolte, in der wir den fruchtbaren Keim aller menschlichen Emanzipationen, die Revolution, sehen. Sozialisten erkennen sich an den Worten: ‚Im Namen dessen, dem ein großes Unrecht angetan worden ist. Der Teufel ist der erste Freidenker und Heiland der Welt. Er befreit Adam und drückt ihm das Siegel der Menschlichkeit und Freiheit auf die Stirn, indem er ihn ungehorsam macht.“[34]

Bakunin preist nicht nur Luzifer. Er hat ein festes Programm für die Revolution, aber nicht eines, das die Armen vor der Ausbeutung bewahren würde. Er schreibt: „In dieser Revolution werden wir den Teufel im Volk erwecken müssen, um die Leidenschaften zu entfesseln. Unsere Mission besteht darin, zu zerstören und nicht zu erbauen. Die Leidenschaft des Zerstörens ist eine kreative Leidenschaft.“[35]

Karl Marx bildete mit Bakunin die Erste Internationale und unterstützte dieses merkwürdige Programm.

Marx und Engels sagten in *„Das kommunistische Manifest“*, daß der Proletarier Gesetz, Moral und Religion als „so viele spießbürgerliche Nachteile“ ansähe, „hinter denen im Hinterhalt ebenso viele spießbürgerliche Interessen lauern“.

Bakunin schreibt, daß Proudhon, ein weiterer bekannter sozialistischer Denker und Freund von Karl Marx, zu dieser Zeit ebenfalls den „Teufel verehrte“.[36] Hess hatte

Marx mit Proudhon bekannt gemacht, der ebenfalls diese typische Frisur der Teufelssekte des 19. Jahrhunderts trug.

Proudhon erklärte in *„Die Gerechtigkeit in der Revolution und der Kirche“*, daß Gott der Prototyp der Ungerechtigkeit sei. „Wir erhalten trotz ihm Wissen, wir erreichen Wohlergehen trotz ihm und wir erreichen Gemeinschaft trotz ihm. Jeder Schritt vorwärts ist ein Sieg, mit dem wir das Göttliche überwinden.“[37]

Er ruft aus: „Komm, Satan, verleumdet von den Niedrigen und von Königen! Gott ist Dummheit und Feigheit, Gott ist Heuchelei und Falschheit, Gott ist Tyrannei und Armut, Gott ist schlecht. Wo immer der Mensch sich vor einem Altar verbeugt, wird die Menschheit, die Sklavin von Königen und Priestern, verdammt ... Ich schwöre, Gott, mit meinen Händen gegen den Himmel ausgestreckt, daß du nicht mehr bist als der Vollstrecker meines Verstandes, das Zepter meines Gewissens ... Gott ist im wesentlichen antizivilisiert, antiliberal und antimenschlich.“ Proudhon erklärt Gott für schlecht, weil seine Schöpfung schlecht ist.[38]

Diese Gedanken stammen nicht von ihm selbst. Sie sind der übliche Inhalt der Predigten bei der Teufelsverehrung.

Marx stritt später mit Proudhon und schrieb ein Buch, um dem Werk zu widersprechen, aus dem die erwähnten Worte stammen. Aber Marx widersprach nur unwichtigen wirtschaftlichen Lehren. Gegen Proudhons dämonische Anti-Gott-Rebellion hatte er nichts einzuwenden.

Heinrich Heine, der namhafte deutsche Dichter, war ein dritter vertrauter Freund von Marx. Auch er war ein Anhänger Satans. Er schrieb:

„Ich rief den Teufel, und er kam,
Sein Gesicht von Staunen erfüllt,
ich muß es genau prüfen;
Er ist nicht häßlich, er hinkt nicht,
Er ist ein reizender, charmanter Mann.“[39]

„Marx war ein großer Bewunderer von Heinrich Heine ... Ihre Beziehung war warm und herzlich."[39a]

Warum sollte er Heine bewundert haben? – Vielleicht wegen dessen satanischen Gedanken wie den folgenden: „Ich wünsche mir ... ein paar schöne Bäume vor meiner Tür, und wenn Gott mich vollkommen beglücken will, bereitet er mir das Vergnügen, zu sehen, daß sechs oder sieben meiner Feinde an diesen Bäumen aufgehängt sind. Mit mitfühlendem Herzen werde ich ihnen nach dem Tod alles Böse vergeben, das sie mir während ihres Lebens angetan haben. Ja, wir müssen unseren Feinden vergeben, aber nicht, bevor sie hängen.

Ich bin nicht rachsüchtig. Ich würde meine Feinde gerne lieben. Aber ich kann sie nicht lieben, bevor ich nicht Rache an ihnen genommen habe. Erst dann öffnet sich ihnen mein Herz. Solange man sich nicht gerächt hat, bleibt Bitterkeit im Herzen."

Welcher anständige Mensch wollte ein enger Freund von jemandem sein, der so denkt?

Marx dachte wie diese seine Umgebung, Lunatscharski, ein maßgeblicher Philosoph, welcher Erziehungsminister der UdSSR gewesen war, schrieb in *„Sozialismus und Religion"*, daß Marx jeden Kontakt mit Gott beiseite und Satan vor marschierende proletarische Kolonnen stellte.

An dieser Stelle ist es wichtig, nachdrücklich zu betonen, daß Marx und seine Genossen, obwohl gegen Gott eingestellt, keine Atheisten waren, wie sich Marxisten von heute nennen. Das heißt, während sie Gott offen brandmarkten und schmähten, haßten sie einen Gott, an den sie glaubten. Seine Existenz wird nicht in Frage gestellt, sondern seine Herrschaft.

Als 1871 in Paris die kommunistische Revolution ausbrach, erklärte der Kommunarde Flourende: „Unser Feind ist Gott. Gotteshaß ist der Anfang der Weisheit."[40]

Marx rühmte die Kommunarden sehr, die dieses Ziel offen proklamierten. Aber was hat das mit einer gerechten Verteilung von Gütern und besseren sozialen Einrichtungen zu tun? Diese sind nur die äußerlichen Täuschungsmanöver zur Tarnung des wahren Ziels – die totale Abschaffung Gottes und seiner Verehrung. Heute haben wir den Beweis dafür in Ländern wie Albanien und Nordkorea, wo alle Kirchen, Moscheen und Pagoden geschlossen sind.

Marx' satanische Gedichte

In Marx' Gedichten *„Des Verzweifelnden Gebet"* und *„Menschlicher Stolz"* ist das höchste Gebet des Menschen das für seine eigene Größe. Wenn der Mensch dazu verdammt ist, durch seine eigene Größe zugrunde zu gehen, so ist das eine kosmische Katastrophe, aber er wird als gottähnliches Wesen sterben, von Dämonen betrauert. Marx' Ballade *„Der Spielmann"* berichtet von den Klagen des Sängers gegen einen Gott, der seine Kunst weder kennt noch respektiert. Sie kommt aus dem finsteren Abgrund der Hölle, „verhext den Verstand und verzaubert das Herz, und sein Tanz ist der Todestanz".[41] Der Sänger zieht sein Schwert und stößt es in die Seele des Dichters.

„Kunst, die aus dem finsteren Abgrund der Hölle stammt, die den Verstand verhext" ... Das erinnert an die Worte des amerikanischen Revolutionärs Jerry Rubin in *„Do it"* („Tue es"). „Wir haben Jugend, Musik, Sex, Drogen und Rebellion mit Verrat verbunden und diese Kombination ist schwer zu schlagen."[42]

In seinem Gedicht „Menschenstolz" gibt Marx zu, daß sein Ziel weder die Verbesserung noch die Reformierung oder Revolutionisierung der Welt ist, sondern einzig und allein, sie zu zerstören und sich an ihrer Zerstörung zu freuen:

„Mit Verachtung werfe ich der Welt den
Fehdehandschuh voll ins Gesicht

Und beobachte den Zusammenbruch dieses
Zwergriesen,
Dessen Fall meinen Haß nicht ersticken wird.
Götterähnlich darf ich wandeln.
Siegreich ziehen durch ihr Ruinenreich.
Jedes Wort ist Glut und Handel,
Meine Brust dem Schöpferbusen gleich.“[43]

Marx nahm den Satanismus nach einem inneren Kampf an. Die Gedichte wurden in einer Zeit schwerer Krankheit beendet, das Ergebnis des Kampfes, der in seinem Innern tobte. Er spricht zu diesem Zeitpunkt von seinem Ärger, ein Ideal aus einer Einstellung machen zu müssen, die er verachte. Er fühlt sich krank.[44]

Der herausragende Grund für Marx' Übertritt zum Kommunismus wird in einem Brief seines Freundes Georg Jung an Ruge deutlich: Es ist nicht die Emanzipation des Proletariats und auch nicht die Errichtung einer besseren Gesellschaftsordnung. Jung schreibt: „Wenn Marx, Bruno Bauer und Feuerbach sich zur Gründung einer theologisch-philosophischen Zeitung zusammenfinden würden, dann täte Gott gut daran, seine Engel um sich zu scharen und in Selbstmitleid zu versinken, denn diese drei werfen ihn gewiß aus seinem Himmel heraus . . .“[45]

Waren diese Gedichte die einzigen ausdrücklich satanistischen Schriften von Karl Marx? Wir wissen es nicht, weil die Vielzahl seiner Werke von jenen geheimgehalten wird, die seine Manuskripte bewachen.

In *„Der Mensch in der Revolte“* schrieb Albert Camus, daß 30 Bände von Marx und Engels nie veröffentlicht worden seien, und er brachte die Annahme zum Ausdruck, daß sie dem, was gewöhnlich als Marxismus bekannt ist, wohl nicht allzusehr gleichen würden.

Als ich dies las, bat ich eine meiner Sekretärinnen, an das Marx-Lenin-Institut in Moskau zu schreiben und anzufragen, ob diese Behauptung des französischen Schriftstellers wahr sei.

Der stellvertretende Direktor, Professor M. Mtschedlov, antwortete mir. Nachdem er sagte, daß Camus gelogen habe, bestätigte er dessen Vorwürfe. Er schreibt weiter, daß nicht geplant sei, die erste Ausgabe von Marx und Engels zu vervollständigen. Es seien 13 Bände von insgesamt 100 erschienen. Seine Rechtfertigung, daß der Zweite Weltkrieg den Druck der Bände verhindert habe, ist lächerlich. Der Brief wurde 35 Jahre nach Kriegsende geschrieben, und der Staatsverlag der Sowjetunion verfügt gewiß über ausreichende Mittel.

Aus diesem Brief ist klar ersichtlich, daß die sowjetischen Kommunisten, obwohl sie alle Manuskripte für 100 Bände haben, nur 13 veröffentlichten. Es gibt keine andere Erklärung, als daß die meisten Gedanken von Marx geheimgehalten werden sollen.

Marx' zerrüttetes Leben

Alle aktiven Satanisten haben ein zerrüttetes Privatleben. Dies trifft auch für Marx zu.

Arnold Künzli berichtet in seinem Buch *„Karl Marx: Eine Psychographie“*[46] von diesem Leben, das zum Selbstmord von zwei Töchtern und einem Schwiegersohn führte. Drei Kinder starben an Unterernährung. Seine Tochter Laura, die mit dem Sozialisten Lafargue verheiratet war, verlor drei ihrer Kinder. Dann begingen beide Selbstmord. Seine Tochter Eleanor beschloß ebenfalls, gemeinsam mit ihrem Mann aus dem Leben zu scheiden. Sie starb. Er machte in letzter Minute einen Rückzieher. Marx fühlte sich nicht verpflichtet, den Lebensunterhalt für seine Familie zu verdienen, obwohl ihm das zumindest aufgrund seiner ungeheuren Sprachkenntnisse nicht schwergefallen wäre. Er lebte vom Betteln bei Engels. Er hatte ein uneheliches Kind mit seinem Dienstmädchen. Später schob er das Kind Engels zu, der diese Komödie mitspielte. Er war aber auch ein starker Trinker.

Rjazanov, der Direktor des Marx-Engels-Instituts in Moskau, gibt diesen Punkt in seinem Buch *„Karl Marx als Denker, Mensch und Revolutionär"* zu.[47]

Eleanor war Marx' Lieblingstochter. Er nannte sie Tussy und sagte oft „Tussy ist ich". In ihr brach eine Welt zusammen, als sie durch Engels an seinem Sterbebett von dem Skandal erfuhr. Dies war es, was zu ihrem Selbstmord führte.

Es ist bemerkenswert, daß Marx im *„Kommunistischen Manifest"* die Kapitalisten beschimpft hatte, denen „die Weiber und Töchter ihrer Proletarier zur Verfügung stehen".

Es gab sogar einen noch dunkleren Punkt im Leben von Marx, dem großen Revolutionär.

Die deutsche Zeitung *„Reichsruf"* vom 9. Januar 1960 veröffentlichte den Vorgang, daß der österreichische Kanzler Raabe dem damaligen Diktator von Rußland, Nikita Chruschtschow, das Original eines Briefes von Karl Marx schenkte. Chruschtschow hatte keine Freude daran, denn der Brief war der Beweis, daß Marx ein bezahlter Informant der österreichischen Polizei war, der Revolutionäre aushorchte.

Der Brief wurde zufällig in einem geheimen Archiv gefunden. Er enthielt Hinweise darauf, daß Marx, der Informant, während seines Exils in London über seine Genossen Berichte schrieb. Er erhielt für jede Information umgerechnet 40 DM. Seine Angaben bezogen sich auf die Revolutionäre im Exil in London, Paris und in der Schweiz.

Einer von denen, gegen die er spionierte, war Ruge, welcher sich selbst als engen Freund von Marx betrachtete. Es sind noch Briefe vorhanden, die in der Sprache eines freundschaftlichen Verhältnisses abgefaßt sind.

Rolv Heuer beschreibt die verheerende finanzielle Lebensweise von Marx in *„Genie und Reichtum"*. Als er Student in Berlin war, erhielt der Sohn von Papa Marx

700 Taler als jährliches Taschengeld."[48] Das war eine enorme Summe, da zu jener Zeit nur fünf Prozent der Bevölkerung ein Jahreseinkommen von über 300 Talern hatte. Im Laufe seines Lebens erhielt Marx von Engels ungefähr sechs Millionen französische Francs (Zahlen aus dem Marx-Lenin-Institut).

Er war ständig hinter Erbschaften her. Während ein Onkel von ihm im Sterben lag, schrieb Marx: „Stirbt der Hund jetzt, so bin ich aus der Patsche heraus."[49] Worauf Engels antwortete: „Zu der Nachricht von der Krankheit des alten Braunschweiger Erbschaftsverhinderers gratuliere ich und hoffe, daß die Katastrophe endlich eintreten wird."[50]

Dann starb „der Hund". Marx schrieb am 8. März 1855: „A very happy event, der Tod des 90jährigen Onkels meiner Frau wurde uns gestern mitgeteilt. Dadurch spart meine Schwiegermutter eine jährliche Abgabe von 200 Talern und meine Frau wird an 100 £ bekommen; mehr, wenn der alte Hund den Teil seines Geldes, der nicht Fideikommiß war, nicht seiner Haushälterin vermacht."[51]

Auch gegenüber denen, die ihm näher standen als sein Onkel, hatte er keine freundlicheren Gefühle. Er sprach nicht mehr mit seiner Mutter. Im Dezember 1864 schrieb er an Engels: „Vor zwei Stunden erhielt ich ein Telegramm mit der Nachricht vom Tod meiner Mutter. Das Schicksal wollte ein Familienmitglied von uns holen. Ich stand schon mit einem Fuß im Grabe. Unter diesen Umständen werde ich mehr gebraucht als die alte Frau. Ich muß nach Trier wegen ihrer Erbschaft."[52]

Das war alles, was er beim Verscheiden seiner Mutter zu sagen hatte. Des weiteren war die Beziehung zwischen Marx und seiner Frau denkbar schlecht. Sie verließ ihn zweimal, kehrte jedoch beide Male zurück. Er seinerseits ging nicht einmal zu ihrer Beerdigung.

Immer in Geldnöten, verlor er viel Geld an der Börse; dort wußte er, der Wirtschaftswissenschaftler, nur, wie man verliert.

Marx war ein hochkarätiger Intellektueller. Engels ebenso. Aber ihre Korrespondenz ist voller Obszönitäten, was für diese Gesellschaftsschicht ungewöhnlich ist. Schmutzige Wörter sind überall zu finden, und es gibt keinen einzigen Brief, aus dem man einen Idealisten über seine humanistischen oder sozialistischen Träume sprechen hört.

Da die satanistische Sekte hochgeheim ist, haben wir nur Hinweise auf die Möglickeit einer Verbindung von Marx zu ihr. Sein wirres Leben ist vielleicht ein weiteres Glied in der bis jetzt untersuchten Beweiskette.

Die Gegenbekehrung von Engels

Da Engels eine große Rolle im Leben von Marx spielte, will ich auch über ihn ein paar Worte sagen. Engels war in einer pietistischen Familie aufgewachsen. In seiner Jugend hatte er wunderbare christliche Gedichte geschrieben.

Aber nach seiner Begegnung mit Marx schrieb er über diesen:

„Wer jaget hinterdrein mit wildem Ungestüm?
Ein schwarzer Kerl aus Trier [Marx' Geburtsort], ein markhaft Ungetüm.
Er gehet, hüpft nicht, er springet auf den Hacken
und raset voller Wut, und gleich, als wollt er's packen
das weite Himmelszelt und zu der Erde ziehn,
streckt er die Arme sein weit in die Lüfte hin,
geballt die böse Faust, so tobt er sonder Rasten,
als wenn ihn bei dem Schopf zehntausend Teufel faßten."[53]

Nachdem Engels das Buch des liberalen Theologen Bruno Bauer gelesen hatte, begann er an seinem christlichen Glauben zu zweifeln. In seinem Herzen begann ein großer Kampf. Zu jener Zeit schrieb er: „Ich bete täglich, ja fast den ganzen Tag, um Wahrheit, habe es getan, sobald ich anfing zu zweifeln, und komme doch nicht zu eurem Glauben zurück . . . Die Tränen kommen mir in die Augen, indem ich dies schreibe."[54]

Engels fand den Weg zu Gottes Wort nicht mehr zurück und schloß sich demjenigen an, den er selbst als „Ungeheuer, das von Tausenden von Teufeln besessen ist"[55] bezeichnete. Er hatte eine Gegenbekehrung erfahren.

Was für ein Mensch war Bruno Bauer, der liberale Theologe, der eine entscheidende Rolle bei der Zerstörung des christlichen Glaubens von Engels spielte und der auch Marx in seinen neuen, antichristlichen Plänen unterstützte? Hatte er etwas mit Dämonen zu tun? Wie Engels begann er als Glaubender und später als konservativer Theologe, der sogar gegen Kritiker der Bibel schrieb. Danach wurde er ein radikaler Kritiker der Heiligen Schrift, Begründer eines materialistischen Christentums, das behauptete, Jesus sei nur ein Mensch und nicht der Sohn Gottes. Bauer schrieb an seinen Freund Arnold Ruge, der auch ein Freund von Marx und Engels war, am 6. Dezember 1841:

„Ich halte hier an der Universität Vorlesungen vor einer großen Zuhörerschaft. Ich erkenne mich nicht mehr, wenn ich meine Lästerungen von der Kanzel herunterspreche. Sie sind so großartig, daß sich diesen Kindern, die niemand verletzen sollte, die Haare sträuben. Während ich diese Gotteslästerungen verkünde, denke ich daran, wie ich zu Hause fromm dasitze und eine Rechtfertigung der Heiligen Schrift und der Offenbarung schreibe. Jedenfalls ist es ein schlimmer Dämon, der mich immer dann befällt, wenn ich die Kanzel betrete, und ich bin so schwach, daß ich ihm nachgeben muß . . . Mein Geist der Lästerung ist erst zufrieden, wenn ich die Erlaubnis bekomme, öffentlich als Professor eines atheistischen Systems zu predigen."[56]

Der Mann, der Engels überredete, Kommunist zu werden, war derselbe Moses Hess, der auch schon Marx überzeugt hatte. Hess schreibt nach einem Treffen mit

Engels in Köln: „Er verließ mich als übereifriger Kommunist. So schaffe ich Verwüstung."[57] „Ich schaffe Verwüstung." War das das Hauptziel in Hess' Leben? Das war auch das Hauptziel Luzifers.

Die Spuren, die das Christsein bei Engels hinterlassen hatte, konnte er nie ganz aus seinen Gedanken verbannen. 1865 gibt er seiner Bewunderung für das Reformationslied „Ein feste Burg ist unser Gott" Ausdruck. Er nennt es „eine triumphale Hymne, die zur Marseillaise des 16. Jahrhunderts wurde".[58] Und das sind nicht Engels' einzige prochristliche Aussagen.

Engels' Tragödie entwickelte sich fast noch packender als die von Marx. Hören Sie sich an, was dieser Mann in seiner Jugend schrieb, der später Marx' größter Komplize in der Zerstörung der Religion wurde.

1. „Herr Jesu Christe, Gottes Sohn,
   o steig herab von Deinem Thron
   und rette meine Seele!
   O komm mit Deiner Seligkeit,
   Du Glanz der Vaterherrlichkeit,
   gib, daß ich Dich nur wähle!
   Lieblich, herrlich, ohne Leide ist die Freude,
   wenn dort oben,
   Wir Dich, unsern Heiland, loben!

2. Gib, daß dereinst zu seiner Zeit,
   wenn mich erfaßt des Todes Leid,
   ich fest an Dir mich halte;
   daß ich, wenn mir das Aug' vergeht,
   des Herzens Pulsschlag stille steht,
   ich froh in Dir erkalte!
   Fortan wird dann Dich dort oben mein Geist loben,
   ohne Ende,
   denn er ist in Deinen Händen.

3. O wäre sie da, die Zeit der Lust,
   wo ich an Deiner Liebesbrust

vom Tode soll erwarmen!
Dann seh' ich Gott, ich dank' es Dir,
die all', die waren teuer mir,
kann ewig sie umarmen!
Ewig, ewig, ewig lebend, vor Dir stehend, Dich zu sehen,
wird mein Leben neu erblühen.

4. Du kamst, die Menschheit zu erlösen,
vom Tod sie zu befrein und Bösem,
zu bringen ihr Dein Glück und Heil.
Kommst Du nun herab zur Erden,
da wird durch Dich es anders werden,
da teilst Du jedem zu sein Teil."[59]

Nachdem Bruno Bauer den Zweifel in Engels' Herz gesät hatte, schrieb Engels an Freunde: „Es steht geschrieben: ‚Bittet, so wird euch gegeben!' Ich suche die Wahrheit, wo immer ich hoffe, wenigstens einen Schatten von ihr zu finden. Aber ich kann eure Wahrheit noch nicht als die ewige Wahrheit erkennen. Und doch steht geschrieben: ‚Suchet, so werdet ihr finden! Wer ist unter euch, der seinem Sohn einen Stein geben würde, wenn er um Brot bittet. Wieviel weniger wird Gott, euer himmlischer Vater, also tun.'

Tränen steigen mir in die Augen, während ich diese Worte schreibe. Ich bin zutiefst bewegt, aber ich fühle, daß ich nicht verloren bin. Ich werde zu Gott kommen, nach dem sich meine Seele sehnt. Auch das ist ein Zeugnis des Heiligen Geistes. Damit liebe ich und damit sterbe ich ... Der Geist Gottes gibt meinem Geist Zeugnis, daß ich ein Kind Gottes bin."[60]

Er war sich der satanischen Gefahr durchaus bewußt. In seinem Buch *„Schelling, der Philosoph in Christo"* schreibt Engels: „Seit der greulichen Französischen Revolution ist ein ganz neuer, teuflischer Geist in einen großen Teil der Menschheit gefahren, und die Gottlosigkeit erhebt ihr freches Haupt so unverschämt und hoffärtig, daß man denken muß, es gingen jetzt die Weissagungen der Schrift in Erfüllung. Wir wollen aber einmal sehen, was die Schrift über die Gottlosigkeit der letzten Zeiten sagt. Der Herr Jesus sagt in Matth. 24,11–13: ‚Und es werden sich falsche Propheten erheben und werden viele verführen, und dieweil die Ungerechtigkeit wird überhandnehmen, wird die Liebe in vielen erkalten. Wer aber beharret bis an das Ende, der wird selig. Und es wird geprediget werden das Evangelium vom Reich in der ganzen Welt zu einem Zeugnis über alle Völker, und dann wird das Ende kommen.‘ Und V. 21: ‚Es werden falsche Christi und falsche Propheten aufstehen und große Zeichen und Wunder tun, daß verführet würden in den Irrtum, wo es möglich wäre, auch die Auserwählten.‘ Und Paulus sagt in 2. Thess, 2,3ff.: ‚Es wird geoffenbaret werden der Mensch der Sünde und das Kind des Verderbens, der da ist ein Widerwärtiger und sich überhebt über alles, das Gott oder Gottesdienst heißt; nach der Wirkung des Satans mit allerlei lügenhaften Kräften und Zeichen und Wundern und mit allerlei Verführung zur Ungerechtigkeit unter denen, die verloren werden dafür, daß sie die Liebe zur Wahrheit nicht haben angenommen, daß sie selig würden. Darum wird ihnen Gott kräftige Irrtümer senden, daß sie glauben der Lüge; auf daß gerichtet werden alle, die der Wahrheit nicht glauben, sondern haben Lust an der Ungerechtigkeit‘“.

Engels zitiert die Heilige Schrift ein ums andre Mal wie der gläubigste Theologe. Er fährt fort: „Es ist nicht mehr eine Gleichgültigkeit und Kälte gegen den Herrn, nein, es ist offene, erklärte Feindschaft, und anstatt aller Sekten und Parteien haben wir jetzt nur zwei: Christen und Antichristen ... Wir sehen die falschen Propheten jetzt unter uns.

Sie ziehen umher in Deutschland und wollen sich überall einschleichen, sie predigen ihre satanischen Lehren auf den Märkten und tragen das Panier des Teufels von einer Stadt zu andern, die arme Jugend hinter sich herlockend, um sie in den tiefsten Schlund der Hölle und des Todes zu stürzen."

Und er schließt mit den Worten der Offenbarung: „Siehe, ich komme bald. Halte, was du hast, auf daß niemand deine Krone nehme. Amen".[61]

Der Mann, der solche Gedichte und solche Warnungen vor dem Satanismus schrieb, der Mann, der mit Tränen in den Augen betete, sich vor solcher Gefahr zu hüten, der Mann, der Marx als von tausend Teufeln besessen erkannte, wird Marx' engster Mitarbeiter in dem teuflischen Kampf, „alle Religion und Moral abzuschaffen".[62]

Das hat die liberale Theologie zustande gebracht. Sie teilt mit Marx und Engels die Schuld am Tod von vielen Millionen Unschuldigen durch den Kommunismus.

Marx haßt ganze Nationen

Marx' ganze Einstellung und Konversation waren satanischer Art. Obwohl selbst Jude, schrieb er ein boshaftes antijüdisches Buch mit dem Titel *„Die Judenfrage"*. Im Jahre 1856 veröffentlichte er in *„The New York Tribune"* einen Artikel mit dem Titel *„The Russian Loan"* („Die russische Anleihe"), in dem wir lesen: „Wir wissen, daß hinter jedem Tyrannen ein Jude steht, wie hinter jedem Papst ein Jesuit steht. Wie das Heer der Jesuiten jeden freien Gedanken tötet, würde der Wunsch der Unterdrückten Erfolgsaussichten haben; die Nützlichkeit von Kriegen, angestiftet von Kapitalisten, würde enden, wenn sie nicht für die Juden sein würden, welche die Reichtümer der Menschheit stehlen. Kein Wunder, daß vor 1856 Jahren Jesus die Wucherer aus dem Tempel Jerusalems gejagt hat. Sie waren wie die zeitgenössischen Wucherer, die hinter Tyrannen und Tyranneien stehen. Die Mehrheit von ihnen ist jüdisch. Die Tatsache, daß die Juden so stark geworden sind, das Leben der Welt in Gefahr zu bringen, veranlaßt uns, ihre Organisation und ihr Ziel zu enthüllen, damit ihr Gestank die Arbeiter der Welt zum Kampf aufrütteln möge, um solch ein Übel auszulöschen." Sagte Hitler Schlechteres als dies?

Seltsamerweise schrieb er auch Gegenteiliges, wie in *„Das Kapital"*, Band I unter der Überschrift „Der kapitalistische Charakter der Manufaktur": „Auf der Stirn der auserwählten Menschen stand geschrieben, daß sie Jehova gehören."

Viele andere jüdische Kommunisten folgten dem Beispiel von Marx in ihrem Judenhaß.

Ruth Fischer, eine namhafte deutsche jüdische Kommunistenführerin und Mitglied des Parlaments, sagte: „Zerquetscht die jüdischen Kapitalisten, hängt sie an die Laternenpfähle; tretet sie mit Füßen."[63]

Warum lediglich die jüdischen Kapitalisten und nicht die anderen, bleibt offen.

Marx haßte nicht nur die Juden, sondern auch die Deutschen: „Schläge sind das einzige Mittel, den Deutschen zum Leben zu erwecken."

Er sprach von dem „dummen deutschen Volk ... der abstoßenden Engstirnigkeit der Deutschen" und sagte: „Deutsche, Chinesen und Juden muß man mit Hausierern und Trödlern vergleichen."[64] Er nannte die Russen „Kohlfresser".[65] Die slawischen Völker seien „ethnischer Abfall".[66] Er äußerte seinen Haß gegen viele Nationen, nie dagegen seine Liebe zu irgendeiner.

Marx schreibt in seinem Jahresrückblick auf 1848 über „den slawischen Pöbel", womit Russen, Tschechen und Kroaten gemeint waren. Es bliebe diesen „rückschrittlichen" Völkern durch das Schicksal nur „die sofortige Aufgabe, im revolutionären Weltsturm unterzugehen. Der kommende Weltkrieg wird nicht nur zur Folge haben, daß reaktionäre Klassen und Dynastien, sondern auch ganze reaktionäre Völker von der Erde verschwinden. Und das wird ein Fortschritt sein. Ihr Name wird vergehen."[67]

Weder Marx noch Engels machten sich Gedanken über den Untergang von Millionen von Menschen. Der erstere schrieb: „Eine stille, unvermeidliche Revolution geht in der Gesellschaft vor sich, eine Revolution, die sich sowenig um die durch sie zerstörten menschlichen Leben sorgt, wie sich ein Erdbeben um die Häuser kümmert, die es niederreißt. Klassen und Rassen, die zu schwach sind, um mit den neuen Lebensbedingungen fertig zu werden, werden untergehen."

In Anbetracht dessen war Hitler, der nicht die Vernichtung dieser Nationen wollte, sondern nur ihre Unterjochung, sicherlich bedeutend humaner als Marx. Engels schrieb im gleichen Tonfall: „Der nächste Weltkrieg wird ganze reaktionäre Völker verschwinden lassen. Auch das ist ein Fortschritt."[68]

„Offensichtlich kann dies nicht vollbracht werden, ohne die eine oder andere zarte nationale Blume zu zertreten. Jedoch kann ohne Gewalt und ohne Unbarmherzigkeit in der Geschichte nichts erreicht werden."[68a]

Marx, der Mann, der sich als Vorkämpfer für das Proletariat darstellte, nannte diese Klasse von Menschen „dumme Jungs, Gauner, Esel".

Engels wußte genau, was er von ihnen zu erwarten hatte. Er schrieb: „Der demokratische, rote, ja sogar der kommunistische Mob wird uns niemals lieben."

Marx setzte dunkelhäutige Menschen mit „Idioten" gleich, und er verwendete fortwährend den beleidigenden Ausdruck „Nigger" in privater Korrespondenz.

Er nannte seinen Rivalen Lassalle „den jüdischen Nigger" und machte sehr deutlich, daß dieser Ausdruck nicht nur als Attribut der Geringschätzung für eine Person gedacht sei. „Es ist nun absolut klar für mich, daß er – wie seine Kopfform und die Beschaffenheit seiner Haare zeigen – von Negern abstammt, welche sich Moses Flucht aus Ägypten anschlossen (es sei denn, daß seine

Mutter oder Großmutter väterlicherseits mit einem Nigger hybridisierte) . . . Das egoistische Vorwärtskommen dieses Mannes ist ebenfalls niggerähnlich."

Marx trat sogar für die Sklaverei in Nordamerika ein. Hierüber stritt er mit seinem Freund Proudhon. Dieser hatte die Emanzipation der Sklaven in den Vereinigten Staaten befürwortet. Marx antwortete: „Ohne Sklaverei würde Nordamerika, das progressivste Land, in ein patriarchalisches Land umgeformt. Streichen Sie Nordamerika von der Weltkarte, und Sie werden die Anarchie haben, den kompletten Verfall von modernem Handel und Zivilisation. Schaffen Sie die Sklaverei ab, und Sie werden Amerika aus der Landkarte der Nationen ausgelöscht haben."[69]

Marx schrieb auch „Zum Teufel mit den Briten".[70] Trotz solcher Vorschläge gibt es eine Menge britischer und auch amerikanischer Marxisten.

Satan in der Familie

Eleanor, Marx' Lieblingstochter, heiratete mit seiner Zustimmung Edward Aveling. Dieser hielt Vorträge über Themen wie „Die Schlechtigkeit Gottes". (Der satanistische Gedanke. Sie leugnen nicht wie die Atheisten die Existenz Gottes, höchstens um jemand absichtlich zu täuschen. Sie wissen um seine Existenz, beschreiben ihn jedoch als böse.) In seinen Vorträgen versuchte er zu beweisen, daß Gott ein „Befürworter der Polygamie und ein Anstifter zum Diebstahl ist". Er vertrat das Recht auf Blasphemie.[71]

Marx' erwählter Schwiegersohn war ein Dozent dieser Bewegung. Das folgende Gedicht vermittelt einen Eindruck von der geistigen Einstellung dieser Kreise gegenüber dem Satanismus:

„Ungezügelt und verwegen sollen meine Verse aufsteigen

Zu dir, o Satan, König des Banketts.
Hinweg mit deiner Besprengung, oh Priester, und deinem Geleier,
Denn nie soll Satan, o Priester, hinter dir stehen.
Dein Atem, o Satan, inspiriert meine Verse,
Wenn ich aus meiner Brust den Göttern trotze.
Von den priesterlichen Königen und unmenschlichen Königen.
Dein ist der Blitz, der die Gemüter erzittern läßt.
O Seele, die da wandert weit vom geraden Wege,
Satan ist gnädig. Sieh Heloise!
Wie der Wirbelwind seine Flügel entfaltet,
Geht er vorüber, o Volk, Satan der Große!
Heil dem Verstande, dem großen Rechtfertiger!
Geheiligt sollen aufsteigen zu dir Weihrauch und Schwüre!
Du hast den Gott des Priesters entthront.“[72]

Enthüllung eines Dienstmädchens

Der Amerikaner Commander Sergius Riis war ein Schüler von Marx. Betrübt über die Nachricht von seinem Tode kam er nach London, um das Haus zu besuchen, in dem sein verehrter Lehrer gewohnt hatte. Die Familie war weggezogen. Die einzige, die er befragen konnte, war ein ehemaliges Dienstmädchen von Marx. Sie äußerte über ihn die erstaunlichen Worte: „Er war ein gottesfürchtiger Mann. Als er sehr krank war, betete er allein in seinem Zimmer vor einer Reihe brennender Kerzen und band eine Art Meßband um seine Stirn.“[73] Das läßt auf Gebetsriemen schließen, wie sie die Juden während ihres Morgengebetes tragen. Aber Marx war in der christlichen Religion getauft. Er hatte nie das Judentum praktiziert. Dann wurde er Kämpfer gegen Gott. Er schrieb Bücher gegen die Religion und erzog alle seine Kinder zu Atheisten. Was war das für eine Zeremonie, die eine unwissende Magd für ein Gebet hielt? Wenn die Juden ihre Gebete verrichten, haben sie nie eine Reihe von Kerzen vor sich. Könnte es sich hier um magische Praktik gehandelt haben?

Wir wissen auch, daß Marx, der angebliche Atheist, in seinem Studierzimmer eine Büste von Zeus stehen hatte. In der griechischen Mythologie verwandelte sich Zeus, eine grausame heidnische Gottheit, in ein Ungeheuer und legte Europa in Fesseln – genau dasselbe, was auch der Marxismus später tat. Die nackte Gestalt von Zeus, der für seine Wildheit bekannt war, ist auch das einzige religiöse Symbol in der Haupthalle der Vereinten Nationen in New York.

Familienbriefe

Einen weiteren möglichen Hinweis gibt ein Brief, der an Marx von seinem Sohn Edgar am 31. März 1854 geschrieben wurde. Er beginnt mit den verblüffenden Worten: „Mein lieber Teufel."[74] Wo hat man jemals gehört, daß ein Sohn seinen Vater auf solche Weise anspricht? – Nur bei den Satanisten. War der Sohn auch eingeweiht?

Es ist doch wirklich auffällig, daß Frau Marx ihren Mann in einem Brief vom August 1844 mit folgenden Worten anspricht: „Dein letzter Hirtenbrief, Hoherpriester und Bischof der Seelen, hat Dein armes Schaf wieder mit Ruhe und Frieden erfüllt."[75]

Marx verleiht im *„Kommunistischen Manifest"* seinem Wunsch Ausdruck, jede Religion abzuschaffen. Man sollte meinen, daß auch der Teufelskult dazugehört. Aber seine Frau redet ihn mit Hoherpriester und Bischof an. Hoherpriester und Bischof welcher Religion? Die einzige europäische Religion, die Hohepriester hat, ist die satanische. Was für Hirtenbriefe schrieb der Mann, von dem man glaubte, er sei Atheist? Wo sind sie? Es gibt ein Kapitel in Marx' Leben, das unerforscht blieb.

Biographische Zeugnisse

Manche Biographen, die über Marx geschrieben haben, spürten vielleicht etwas von der Verbindung zwischen dem Satanismus und dem Gegenstand ihres Buches, aber da sie nicht den nötigen geistlichen Hintergrund hatten, konnten sie mit den Tatsachen, die sie vor Augen hatten, nichts anfangen. Ihr Zeugnis ist trotzdem interessant.

Der Marxist Franz Mehring schrieb in seinem Buch *„Karl Marx“:* „Der Vater blickte manches Mal mit geheimer Angst auf den ‚Dämon‘ in dem Lieblingssohne, obgleich er schon wenige Tage nach Karls zwanzigstem Geburtstag starb ... Aber wie der Mensch niemals die letzten Folgen seines Tuns zu überblicken vermag, so hat Heinrich Marx nicht daran gedacht und nicht daran denken können, wie er durch das reiche Maß bürgerlicher Bildung, die er dem Sohn als kostbare Mitgift fürs Leben gab, doch nur den gefürchteten ‚Dämon‘ entbinden half.“[77]

Marx starb in Verzweiflung, wie alle Teufelsanbeter. Am 25. Mai 1883 schrieb er an Engels: „Wie unnütz und leer ist doch das Leben, aber wie begehrenswert.“[78]

Marx war ein Zeitgenosse von großen Christen: dem Philanthropen Dr. Barnardo, den großen Predigern Charles Spurgeon und General William Booth. Alle lebten in seiner Nähe in London. Er erwähnte sie nie. Sie blieben unbemerkt.

Hinter Marx verbirgt sich ein Geheimnis, das nur wenige Marxisten kennen. Lenin schrieb: „Nach einem halben Jahrhundert hat noch kein einziger Marxist Marx begriffen.“[79]

Das Geheimnis im Leben Lenins

Auch das Leben Lenins birgt ein Geheimnis.

Als ich die erste Ausgabe dieses Buches schrieb, war mir nichts von einer persönlichen Verwicklung Lenins in irgendwelche Rituale der satanistischen Sekte bekannt. Inzwischen habe ich jedoch Trotzkis *„Der junge Lenin“* gelesen; Trotzki war ein enger Freund und Mitstreiter Lenins. Er schreibt, daß Lenin im Alter von 16 Jahren sich das Kreuz vom Halse riß, darauf spuckte und es mit Füßen trat – ein verbreitetes satanisches Ritual.

Es besteht nicht der geringste Zweifel, daß er von der satanischen Ideologie beherrscht war. Wie sonst sollte man sich das folgende Zitat aus seinem Brief vom 13./14. November 1913 an den russischen Schriftsteller Maxim Gorki erklären:

„Millionen von Sünden, Schicksalsschlägen, Bedrängnissen und Seuchen werden vom Volk leichter erkannt – und sind daher weniger gefährlich – als der leichteste Anflug einer Vorstellung von einem kleinen spirituellen Gott, selbst in der schmuckvollsten Verkleidung?“[80]

Am Ende betrog ihn Satan, wie alle seine Anhänger.

Lenin sah sich veranlaßt, folgendes über den sowjetischen Staat zu schreiben:

„Der Staat funktioniert nicht wunschgemäß. Wie funktioniert er denn? Der Wagen gehorcht nicht. Es sitzt jemand am Steuer, und es hat den Anschein, als lenke er, aber der Wagen fährt nicht in die gewünschte Richtung. Er fährt, wie eine andere Macht es will.“[81]

Welche geheimnisvolle andere Macht ist das, die sogar den Plänen der Bolschewikenführer überlegen ist? Haben sie sich einer Macht ausgeliefert, die sie zu meistern hofften, die sich aber als übermächtig erwies und sie zum Verzweifeln brachte?

In einem Brief aus dem Jahre 1921 schreibt er: „Wir alle verdienen es, an einem stinkenden Strick aufgehängt zu werden. Ich habe die Hoffnung noch nicht aufgegeben, daß das auch geschieht, weil wir diese dreckige Bürokratie nicht verdammen können. Und sollte es eintreffen, dann ist es gut so."[82]

Das war Lenins letzte Hoffnung: nach einem Leben des Kampfes für die Sache des Kommunismus – gerechterweise an einem stinkenden Strick aufgehängt zu werden. Diese Hoffnung erfüllte sich zu seinen Lebzeiten nicht, aber fast alle seine Mitarbeiter wurden nach und nach von Stalin umgebracht, nachdem sie öffentlich bekannt hatten, daß sie anderen Mächten als dem Proletariat gedient hätten, dem sie angeblich helfen wollten.

Was für ein Bekenntnis Lenin hier ausspricht! „Ich hoffe, daß man uns an einem stinkenden Strick aufhängt!" Es ist interessant, daß Lenin im Alter von 13 Jahren etwas schrieb, was man eine prophetische Dichtung nennen könnte, und worin er diesen Ruin, mit dem sein Leben enden würde, vorhersagte.

Er hatte beschlossen, der Menschheit zu dienen, jedoch ohne Gott. Er schreibt:

„Wenn du dein Leben freiwillig für andere opferst, ist es schade, daß du das traurige Schicksal haben wirst, daß dein Opfer vollkommen vergeblich sein wird."[83]

Was für ein Gegensatz zu einem anderen Kämpfer, dem Apostel Paulus, der am Ende seines Lebens schrieb: „Ich habe den guten Kampf gekämpft, ich habe den Lauf vollendet. Hinfort ist mir bereit die Krone der Gerechtigkeit, die der Herr, der gerechte Richter, mir an jenem Tag geben wird." (2. Tim. 4,7 und 8)

Es gibt ein „zu spät". Esau bereute mit vielen Tränen, daß er sein Erstgeburtsrecht verkauft hatte, aber der Handel war nicht rückgängig zu machen.

Lenin, der Gründer des Sowjetstaates, sagte auf seinem Sterbebett: „Ich habe einen großen Fehler begangen. Mich verfolgt das Gefühl, in einem Ozean voller Blut von den unzähligen Opfern verloren zu sein. Aber wir können nicht mehr zurück. Um unser Land, Rußland, zu retten, hätten wir Männer wie Franz von Assisi gebraucht. Mit zehn Männern wie ihm hätten wir Rußland gerettet."

Bucharin, Stalin, Mao, Ceausescu, Andropow

Es wäre hier vielleicht interessant, einen Blick auf einige moderne Marxisten zu werfen. Bucharin, Generalsekretär der kommunistischen Internationale und einer der Hauptdoktrinäre des Marxismus in diesem Jahrhundert, wußte schon im frühen Alter von 12 Jahren nach der Lektüre der Offenbarung, daß er der Antichrist werden wollte. Als er aus der Schrift erfuhr, daß der Antichrist Sohn der großen apokalyptischen Hure sein mußte, bestand er darauf, daß seine Mutter gestehen sollte, einmal Dirne gewesen zu sein.

Über Stalin schrieb er: „Er ist kein Mensch, sondern ein Teufel."[84]

Bucharin erkannte zu spät, wem er in die Hände gefallen war. In einem Brief, den er seine Frau vor seiner Verhaftung und Hinrichtung auswendig lernen ließ, schreibt er: „Mein Leben geht zu Ende. Ich beuge mein Haupt unter das Beil des Henkers. Ich spüre meine ganze Machtlosigkeit angesichts dieses höllischen Apparats."[85] Er hatte bei der Errichtung einer Guillotine – des Sowjetstaats – mitgeholfen, der Millionen Menschen umbrachte, und mußte dann erkennen, daß der Bauplan dafür in der Hölle entstanden war. Er wollte der Antichrist sein und wurde statt dessen sein Opfer.

Kaganowitsch, Stalins Schwager und engster Mitarbeiter, schreibt über ihn in seinem Tagebuch:

„Ich begann zu verstehen, wie Stalin es fertigbrachte, aus sich selbst einen Gott zu machen. Er hatte kein einziges menschliches Merkmal ... Selbst wenn er einmal Gefühle zeigte, schienen sie alle nicht aus seinem Inneren zu kommen. Sie waren so falsch wie die Schuppen auf einem Panzer. Und hinter diesen Schuppen verbarg sich Stalin selbst – ein Stück Stahl. Aus irgendeinem unerfindlichen Grund war ich überzeugt, daß er ewig leben würde ... Er war überhaupt nicht menschlich."

„Rosa [seine Frau] sagt, daß er sie nur mit Socken bekleidet auf einen Baum klettern heißt. Ich habe das Gefühl, daß er überhaupt nichts Menschliches an sich hat. Obwohl er wie ein normaler Mensch aussieht. Es ist mir ein Rätsel. Was schreibe ich hier nur? Bin ich selbst auch verrückt?"

Stalin beschrieb Kaganowitsch seine spirituellen Übungen. Die Gläubigen verschiedener Religionen wenden die Übung der Meditation über das Schöne, Weise und Gute an, um zu größerer Liebe zu kommen. Stalin übte sich genau im Gegenteiligen.

Er sagte zu Kaganowitsch: „Wenn ich mich von jemandem verabschieden soll, dann stelle ich mir denjenigen auf allen vieren vor, und er wirkt abstoßend auf mich. Manchmal fühle ich mich einem Menschen verbunden, der um der guten Sache willen entfernt werden muß. Was tue ich dann wohl? Ich stelle mir diese Person vor, wie sie scheißt, Gestank ausströmt, furzt und kotzt, und schon tut es mir um diese Person nicht mehr leid. Je früher sie aufhört, auf dieser Erde zu stinken, desto besser. Und dann streiche ich diese Person aus meinem Herzen."

Eines von Stalins Vergnügen bestand darin, Pferden grüne Gläser vor die Augen zu setzen, damit sie Heu als Gras sehen sollten. Er setzte auch dunkle Gläser des Atheismus vor die Augen der Menschen, um ihren Augen Gottes grüne Auen vorzuenthalten, die nur gläubigen Seelen offenstehen.

Das Tagebuch enthält viele enthüllende Einblicke. „Oft sprach Stalin von der Religion als unserem übelsten Feind. Er haßt die Religion aus vielen Gründen, und ich teile seine Gefühle. Die Religion ist ein listiger und gefährlicher Feind ... Stalin ist auch der Ansicht, daß die wichtigste Strafe für alle Eltern, die einer Sekte angehören, die Trennung von ihren Kindern ist, gleichgültig, ob sie rechtmäßig verurteilt wurden oder nicht."

„Ich glaube, daß er heimlich der Astrologie frönte. Ein seltsamer Zug an ihm verwunderte mich stets. Er sprach immer mit einer Art verschleiertem Respekt über Gott und Religion. Zuerst dachte ich, daß ich mir dies nur einbildete, aber allmählich bemerkte ich, daß mein Eindruck richtig war. Er war jedoch immer vorsichtig, wenn das Thema zur Sprache kam. Und es war mir nie möglich, herauszufinden, welche Einstellung er dazu genau hatte. Eins aber wurde mir völlig klar – er hatte ein besonderes Verhältnis zu diesem Thema. Zum Beispiel sagte er nie direkt, daß es keinen Gott gebe . . ."

„In seiner Gegenwart waren die Leute irgendwie nicht mehr sie selbst. Alle bewunderten und verehrten ihn. Ich glaube nicht, daß er die Liebe der Nation genoß; er stand über ihr. Es mag seltsam klingen, aber er hatte eine Stellung inne, die vorher Gott vorbehalten gewesen war."

Es gehört zur Tragik der menschlichen Existenz, daß man Feinde hat und diese manchmal bekämpfen muß. Marx fand Vergnügen an dieser traurigen Notwendigkeit. Sein oft wiederholter Lieblingsspruch war: „Es gibt nichts Schöneres auf der Welt, als seine Feinde zu beißen."[85a]

Es ist daher nicht verwunderlich, daß sein Anhänger Stalin sagte, es sei das größte Vergnügen, jemandes Freundschaft zu pflegen, bis derjenige seinen Kopf vertrauensvoll an deine Brust legt, um ihm dann einen Dolch in den Rücken zu stoßen; es sei ein Vergnügen, sich dabei nicht übertreffen zu lassen.[85b]

Marx hatte denselben Gedanken lange vorher schon geäußert. Er schrieb an Engels über Genossen, mit deren Ansichten er nicht einverstanden war: „Man muß diesen Gauner einstweilen an sein Verhältnis mit uns fortglauben lassen, bis man die Macht und den Moment hat, den Kerl aus dem Wege zu schaffen, d'une manière ou de l'autre."[85c]

Es ist bezeichnend, daß viele von Stalins Kampfgenossen ihn als dämonisch beschreiben.

Milovan Djilas, ein bekannter jugoslawischer Kommunistenführer, der mit Stalin persönlich gut bekannt war, schrieb: „War es nicht so, daß die dämonische Kraft und Energie Stalins darin bestand, daß er die (kommunistische) Bewegung und alle ihre Mitglieder in einen Zustand der Verwirrung und Betäubung versetzte und so seine Angstherrschaft aufbaute und sicherte...?"[86]

Er sagt auch über die gesamte herrschende Klasse der UdSSR: „Sie erwecken den Anschein, als ob sie an das Ideal des Sozialismus in einer zukünftigen klassenlosen Gesellschaft glaubten. In Wahrheit glauben sie jedoch an nichts außer der organisierten Macht."[87]

Sogar Stalins Tochter, Swetlana Alliluyewa, die nichts von den Tiefen des Satanismus wußte, schrieb: „Berija (der sowjetische Innenminister) war durch ein teuflisches Band mit unserer ganzen Familie verbunden..." Berija war ein „grauenhafter, bösartiger Dämon..."[88] „Ein schrecklicher Dämon hatte die Seele meines Vaters in Besitz genommen." Swetlana erwähnt weiter, daß Stalin die Güte und die allesverzeihende Liebe für schlimmer als das größte Verbrechen hielt.

Das ist das Wesen der satanischen Priesterherrschaft, die fast die Hälfte der Menschheit beherrscht und in der ganzen Welt Terrorakte befiehlt.

Gerechterweise sollen hier auch ein paar Worte gesagt werden, die vielleicht das Wesen der Person Stalin erklären können.

Er war das uneheliche Kind eines Gutsbesitzers und einer Dienstmagd. Sein Vater, auf seinen guten Ruf bedacht, bestach einen Schuster, das schwangere Mädchen zu heiraten, aber die Affäre wurde bekannt. Während seiner Kindheit wurde Stalin als Bastard verspottet. Als Stalin ein junger Bursche war, wurde sein leiblicher

Vater eines Tages ermordet aufgefunden. Stalin wurde der Tat verdächtigt, man konnte ihm jedoch nichts nachweisen.

Später, als Seminarstudent, schloß er sich kommunistischen Kreisen an. Dort verliebte er sich in ein Mädchen namens Galina. Da die Kommunisten arm waren, wurde ihr die Aufgabe zugeteilt, Mätresse eines reichen Mannes zu werden und so die Partei mit Geld zu versorgen. Als Stalin für diesen Vorschlag stimmte, schnitt sie sich die Pulsadern auf. Sie hatte Stalin geliebt.

Er selbst bekam von der Partei die Aufgabe übertragen, Diebstähle auszuführen, und er war darin sehr erfolgreich. Er eignete sich nichts von dem gestohlenen Geld selbst an.

Weiterhin wurde ihm die Pflicht übertragen, die zaristische Polizei zu unterwandern. Er mußte ein Doppelspiel als ihr Informant spielen und dabei einige unwichtige Parteimitglieder denunzieren, um geheime Informationen der Polizei zu erhalten und die wichtigen Kommunisten zu schützen

Stalin hatte daher als junger Mann die denkbar schlechteste Veranlagung, Erziehung und Bildung. So war er leicht empfänglich für satanistische Einflüsse. Er wurde, was sein Pseudonym „Stalin" bedeutet: ein Mann aus Stahl ohne jede menschliche Regung.

(Andropow, der spätere Premierminister der Sowjets, erweckte denselben Eindruck wie Stalin. Der französische Außenminister Claude Cheysson, der mit ihm zusammengetroffen war, beschrieb Andropow in der Pariser Zeitung *„Le Monde"* als „einen Mann ohne seelische Wärme, der wie ein Computer arbeitet ... Er zeigt keine Gefühle ... Er ist extrem leidenschaftslos ... Er ist in Sprache und Gestik exakt wie ein Computer.")

Wie Marx, Engels und Bauer begann Stalin als Glaubender. Mit 15 Jahren schrieb er sein erstes Gedicht.

Es beginnt mit den Worten: „Groß ist die Vorsehung des Allmächtigen." Er wurde Seminarist, weil er sich hierfür berufen fühlte.[89]

Dort wurde er zunächst Darwinist, dann Marxist.

Die ersten Pseudonyme, unter denen Stalin als Revolutionär schrieb, lauteten „Demonoschwili"[90] und „Besoschwili"[91], was in der georgischen Sprache „Der Dämonische" beziehungsweise „Der Teuflische" bedeutet.

Troitskaja, die Tochter des Sowjetmarschalls Tuchatschewski, eines der Führer der Roten Armee, der später von Stalin erschossen wurde, schrieb über ihren Vater, daß er ein Bild von Satan in der Ostecke seines Schlafzimmers gehabt habe, wo die Orthodoxen üblicherweise ihre Ikonen aufstellen.

Als in der Tschechoslowakei ein Kommunist zum Vorsitzenden des Staatlichen Ausschusses für Religionsangelegenheiten ernannt wurde, einem Organ, dessen Zweck es ist, Gläubige auszuspionieren und zu verfolgen, nahm dieser den Namen „Hruza" an, was auf slowakisch „Schrecken" bedeutet und auch eine Bezeichnung für „Teufel" ist.

Einer der Führer einer Terroristenorganisation in Argentinien nahm den Übernamen „Satanovsky" an.

Anatole France war ein namhafter französischer Kommunist, der einige der größten Intellektuellen Frankreichs zum Kommunismus bekehrte. Anläßlich einer Ausstellung dämonischer Kunst in Paris war eines der gezeigten Stücke ein Stuhl, der von dem kommunistischen Schriftsteller für den Vorsitz bei satanischen Ritualen verwendet wurde. Die gehörnten Lehnen und Stuhlbeine waren mit Ziegenleder überzogen.[92]

Der Highgate-Friedhof in London ist Englands Zentrum des Satanismus; dort wurde Karl Marx beerdigt. An diesem Grab werden mysteriöse Riten Schwarzer Magie zelebriert.[93]

Es war der Inspirationsort für den „Highgate Vampir", der im Jahre 1970 Mädchen angriff.[94]

Auch Hua-Guofeng, Diktator von Rotchina, machte hier seine Aufwartung.

Ulrike Meinhof, Gudrun Ensslin und andere „rote" deutsche Terroristen waren ebenfalls in den Okkultismus verstrickt.[95]

Eine der ältesten Teufelssekten, die syrische „Yezidi", wurde in einem sowjetischen atheistischen Magazin *(„Nauka i Religija", 7/79)* beschrieben. Es war die einzige Beschreibung einer religiösen Sekte in diesem Magazin, die nicht die geringste Kritik enthielt.

Mao schrieb: „Schon im Alter von acht Jahren haßte ich Konfuzius. In unserem Dorf befand sich ein Konfuziustempel. Ich wünschte mir von ganzem Herzen, ihn bis auf die Grundmauern zu zerstören."[96]

Ist es normal für ein achtjähriges Kind, keinen anderen Wunsch zu haben, als die Zerstörung seiner Religion? Solche Gedanken haben nur dämonische Charaktere.

Ich will als anderes Extrem erwähnen, daß der heilige Paulus vom Kreuze im Alter von acht Jahren bereits täglich drei Stunden im Gebet verbrachte.

Kult der Gewalt

Engels schrieb in *„Anti-Dühring"*: „Allumfassende Liebe zu den Menschen ist eine Absurdität." Und in einem Brief an einen Freund schrieb er: „Wir brauchen Haß anstatt Liebe – wenigstens zur Zeit."

Che Guevara hatte seine Hausaufgaben gemacht; in seinen Schriften kehrte die Einstellung von Engels wieder: „Haß ist ein Bestandteil des Kampfes – unbarmherziger Haß gegen den Feind, ein Haß, der den Revolutionär über die natürlichen Grenzen des Menschen hinaushebt und ihn zu einer wirkungsvollen, zerstörerischen und kalt berechnenden Tötungsmaschine macht."

Genau das will der Teufel aus den Menschen machen. Er hat damit bisher nur allzuviel Erfolg bei vielen berüchtigten Führern der menschlichen Rasse gehabt. Zu unseren Lebzeiten haben wir mehr als genug von ihnen gesehen: Hitler, Eichmann, Mengele, Stalin, Mao, Andropow, Pol Pot.

Marx schreibt im *„Kommunistischen Manifest"*: „Kommunisten verschmähen es, ihre Ansichten und Absichten zu verheimlichen. Sie erklären es offen, daß ihre Zwecke nur erreicht werden können durch den gewaltsamen Umsturz aller bisherigen Gesellschaftsordnung." Weiter: „Es gibt nur eine Methode, die mörderischen Todesqualen der alten Gesellschaft und die blutigen Geburtswehen der neuen Gesellschaft zu verkürzen; nur eine Methode, sie zu vereinfachen und zu konzentrieren, und das ist der revolutionäre Terrorismus."[96a]

Es hat viele Revolutionen in der Geschichte gegeben. Jede hatte ein Ziel: In der amerikanischen Revolution wurde um die nationale Unabhängigkeit, in der Französischen Revolution um die Demokratie gekämpft. Marx ist der einzige, der als sein Ziel die „permanente Revolution", Terrorismus und Blutvergießen um der Revolution willen angibt. Es wird kein Zweck damit verfolgt. Gewalt bis zum Exzeß ist ihr einziges Ziel. Das unterscheidet den Satanismus von der gewöhnlichen menschlichen Sündhaftigkeit.

Er nannte die Terroristen, die im zaristischen Rußland wegen Mordes hingerichtet wurden, „unsterbliche Märtyrer" oder „erstaunlich fähige Gefährten".[96b]

Auch Engels schrieb von „unserer blutigen Rache". Dieser Ausdruck kehrt bei ihm oft wieder. „Im Innern [Rußlands] – welch blühende Entwicklung. Die Attentate häufen sich." – „Lassen wir das Problem der Moral beiseite . . . für einen Revolutionär ist jedes Mittel recht, das den Zweck erfüllt, das gewaltsame wie auch das scheinbar sanfte."[96c]

Der Marxist Lenin sagte während der Demokratie

unter Kerensky in Rußland: „Was wir brauchen, ist wilde Energie und nochmals Energie. Ich bin erstaunt, ja noch mehr, es erschreckt mich, daß über ein halbes Jahr mit Reden über Bomben vergangen ist, aber noch keine einzige Bombe gebaut worden ist.“[96d]

Ein paar kurze Zitate können weitere Einsichten in die grundlegenden Einstellungen von Kommunisten vermitteln:

Marx: „Wir führen Krieg gegen alle bestehenden Vorstellungen von Religion, Staat, Land, Patriotismus. Die Vorstellung von Gott ist die Grundtonart einer pervertierten Zivilisation. Sie muß vernichtet werden.“

Lenin: „Wir müssen jede List, jeden Winkelzug, jeden Trick, jede Schläue, jede ungesetzliche Methode, jede Vertuschung und Verschleierung der Wahrheit anwenden. Die Grundregel ist, die widerstreitenden Interessen der kapitalistischen Staaten auszunutzen.“

„Kommunistisches Manifest“: „Kommunisten verschmähen es, ihre Ansichten und Absichten zu verheimlichen. Sie erklären es offen, daß ihre Zwecke nur erreicht werden können durch den gewaltsamen Umsturz aller bisherigen Gesellschaftsordnung. Mögen die herrschenden Klassen vor einer kommunistischen Revolution zittern!“

Lenin: „Atheismus ist ein integraler Bestandteil des Marxismus. Marxismus ist Materialismus. Wir müssen die Religion bekämpfen. Das ist das Abc jedes Materialismus und daher des Marxismus.“

Lenin in einer Ansprache 1922: „Zuerst nehmen wir Osteuropa, dann die Massen von Asien. Danach werden wir die USA einkreisen und untergraben, so daß sie uns kampflos in die Hände fallen – wie eine überreife Frucht.“

Chruschtschow: „Sollte jemand glauben, daß unser Lächeln die Abkehr von den Lehren von Marx, Engels und Lenin bedeutet, so unterliegt er einer Selbsttäuschung. Wer darauf wartet, der wartet bis eine Garnele das Pfeifen lernt.“

Satanische Grausamkeit

Alexander Solschenizyn enthüllt in seinem Werk „Der Archipel Gulag“[97], daß das Hobby des sowjetischen Innenministers Jagoda darin bestanden habe, sich auszuziehen und dann nackt auf Bilder von Jesus und den Heiligen zu schießen. Ein paar andere Genossen schlossen sich an. Ein weiteres satanisches Ritual, das in höchsten Kreisen der Kommunisten praktiziert wird!

Weshalb sollten Menschen, die angeblich das Proletariat vertreten, auf Bilder von Jesus, einem Proletarier, oder von Maria, einer armen Jungfrau, schießen?

Pfingstler berichteten von einer Begebenheit, die sich im Zweiten Weltkrieg in Rußland zutrug. Einer ihrer Prediger hatte einen Teufel ausgetrieben, der, als er ausfuhr, drohte: „Ich werde mich rächen.“ Jahre später wurde der Prediger wegen seines Glaubens erschossen. Vor der Exekution sagte der zuständige Offizier: „Jetzt sind wir quitt.“

Sind sowjetische Offiziere manchmal vom Teufel besessen? Dienen sie vielleicht Satan als Instrumente, um sich an Christen zu rächen, die versuchen, ihn von seinem Thron zu stürzen?

In Rußland brachten zu Stalins Zeiten einmal einige Kommunisten eine Anzahl Unschuldiger in den Kellern der Polizei um. Nach der Bluttat kam einer der Handlanger zur Besinnung, ging von Leiche zu Leiche und entschuldigte sich: „Ich wollte das nicht tun. Ich kenne euch nicht. Sprecht mit mir, vergebt mir.“ Einer seiner Genossen tötete ihn. Ein dritter wurde bekehrt und berichtete von der Tat.

Am 13. März 1975 wurde in der Zeitung *„Russkaja Mysl“*, einer in Frankreich erscheinenden russischsprachigen Zeitschrift, berichtet:

D. Profirewitsch hatte eine Tochter, die er im Glauben erzog. Sie mußte kommunistische Schulen besuchen. Im Alter von zwölf Jahren kam sie eines Tages nach Hause und sagte: „Religion ist ein kapitalistischer Aberglaube. Wir leben in einer anderen Zeit." Sie kehrte dem Christentum den Rücken. Später trat sie der kommunistischen Partei bei und wurde Mitglied der Geheimpolizei, was ihren Eltern natürlich einen schweren Schlag versetzte.

Später wurde die Mutter verhaftet. Unter dem Kommunismus besitzt man nichts, weder die eigene Frau noch die Kinder, noch persönliche Freiheit. Der Staat nimmt, was und wann er will.

Der Sohn weinte nach der Verhaftung der Mutter sehr viel. Ein Jahr danach erhängte er sich. Profirewitsch fand einen Brief, in dem er schrieb: „Vater, wirst Du mich verurteilen? Als Mitglied der kommunistischen Jugendorganisation mußte ich unterschreiben, daß ich den sowjetischen Behören über alle Vorgänge berichten würde. Eines Tages rief mich die Polizei, und Warja, meine Schwester, forderte mich auf, eine Anzeige gegen meine Mutter zu unterschreiben, weil sie als Christin für eine Konterrevolutionärin gehalten wurde. Ich habe unterschrieben. Ich bin schuld an ihrer Verhaftung. Dann befahlen Sie mir, Dich zu bespitzeln. Es wird die gleichen Folgen haben. Verzeih mir, Vater, aber ich ziehe es vor zu sterben.« – Nach dem Selbstmord des Sohnes wurde dann auch der Vater verhaftet.[98]

Pater Kowalyk wurde 1941 von den Bolschewisten verhaftet und ins Brydschidka-Gefängnis in Lwiw in der Ukraine gebracht. Als die Bolschewiken im gleichen Jahr von den Deutschen in die Flucht geschlagen wurden, fanden die Bewohner der Stadt den blutüberströmten Körper des Priesters mit Armen und Beinen an die Wand genagelt, so als ob er der gekreuzigte Herr wäre. Sie fanden auch ungefähr sechstausend durch Genickschüsse ermordete Gefangene, welche die Bolschewiken in den Kellern übereinandergestapelt und mit Mörtel zugedeckt hatten.

Dr. O. Sas-Yavorsky (USA) suchte nach der Einnahme von Lviv durch die Deutschen gegen Ende Juni 1941 nach seinem inhaftierten Vater und sah im Gefängnis einen Priester, der ans Kreuz genagelt worden war. In seinen aufgeschlitzten Bauch hatte der NKWD den Körper eines ungeborenen Babys gesteckt, das sie aus dem Schoß seiner Mutter geholt hatten, deren verstümmelte Leiche auf dem blutgetränkten Boden lag.

Andere Augenzeugen erkannten in der Leiche den bekannten Missionar Pater Zynowiy Kowalyk aus der Tschechoslowakei.[99]

Das Leben ist den Kommunisten allgemein wenig wert. Lenin schrieb während des Bürgerkrieges: „Es wäre eine Schande, die Männer nicht zu erschießen, die der Einberufung nicht Folge leisten und sich der Mobilmachung entziehen. Bringt mir öfter Berichte darüber."[100]

Im spanischen Bürgerkrieg brachten die Kommunisten 4000 katholische Priester um.

Der bekannte russisch-orthodoxe Priester Dudko berichtete, daß sechs Kommunisten in das Haus von Priester Nikolas Tschardjow eindrangen, ihm die Haare ausrissen, die Augen ausquetschten, ihm am Körper viele Schnittwunden beibrachten, mit einem Bügeleisen darüberfuhren und ihn dann mit zwei Kugeln erschossen.

Dies geschah am St.-Nikolaus-Abend. Es war nicht nur ein Verbrechen am Priester, sondern auch eine Verspottung des Heiligen.

Die westliche Presse berichtete am 10. März 1983, daß in Simbabwe 3000 Angehörige des Ndebele-Stammes von den Soldaten des kommunistischen Diktators Mugabe getötet worden waren. Die Armee war von nordkoreanischen Ausbildern gedrillt worden. Stammesangehörigen wurde gesagt, sie sollten ihre erwachsenen Söhne selbst erschießen; wenn sie sich weigerten, wurden sie mit ihren Söhnen zusammen erschossen.

Der Marxismus verspricht ein Paradies auf Erden.

Nun, der Teufel ist der Affe Gottes. Er äfft Gott nach, indem er die frischen Wasser und die grünen Auen verspricht, die zu geben nicht seine Sache ist. Deshalb muß er es vortäuschen. Und je weniger er zu bieten hat, desto mehr muß er vortäuschen. Um die Menschen zu erreichen, legt er sich eine falsche Fassade zu (engl. „front“ – der Bezug zu den kommunistischen „Front“-Organisationen ist auffällig!) und gebärdet sich wohlwollend.

Aber er bringt nur Elend, Tod und Zerstörung – „schrecklich, total, umfassend und unbarmherzig“.

Der Teufel ist eifersüchtig und wird wütend angesichts spiritueller Schönheit. Sie beleidigt ihn. Wenn er nicht schön sein kann – und er verlor seine einstmalige Schönheit wegen seines Stolzes –, dann will er auch nicht, daß jemand anders es ist. Gäbe es nicht die spirituelle Schönheit der Heiligen, so würde der Teufel nicht so häßlich erscheinen. Deshalb will er alles Schöne verunstalten.

Aus diesem Grund wurden Christen im rumänischen kommunistischen Gefängnis von Piteschti und in anderen kommunistischen Gefängnissen durch Folter gezwungen, nicht nur die Geheimnisse der Untergrundkirche zu verraten, sondern auch Gotteslästerungen auszusprechen.

Ein Regime, in dem solche Geschehnisse zum Alltag gehören, das Menschen, selbst Christen, zu Mördern und Denunzianten von Unschuldigen macht, kann von Gottes Kindern nur verabscheut werden. (2. Joh. 11)

3. Satan und Marx – weltweit

Ich habe geschrieben, daß der Marxismus satanischer Natur ist. Aber ist nicht jede Sünde von Natur aus satanisch? Kann es satanische und nicht satanische Sünde geben?

Ich habe lange über diese Frage nachgedacht. Dann hatte ich einmal nachts einen Traum, der Klarheit in mein Denken brachte.

In meinem Traum sah ich eine Prostituierte, die junge Männer gerade in dem Moment ansprach, als sie aus der Kirche kamen. Ich fragte sie: „Warum arbeitest du gerade hier?"

Sie antwortete: „Es macht mir besonderes Vergnügen, junge Männer genau in dem Moment zur Sünde zu verführen, wenn sie aus der Andacht kommen. Das griechische Wort für Andacht im Neuen Testament ist *‚proskun'*, was ursprünglich ‚küssen' bedeutete. Wenn der Gläubige aus dem Gebetshaus tritt, so hat er noch den Abdruck von Jesus' Küssen auf seinem Mund. Welche Befriedigung, ihn gerade dann zu entweihen, ihn sich im Bett der Lüsternheit wälzen zu lassen und ihm dann zu sagen: ‚Du siehst, Jesus, zu dem du gerade gebetet hast, konnte dich nicht einmal für fünf Minuten von der Sünde abhalten. Er ist nicht der Erlöser. Mein Meister ist viel mächtiger als Er.'"

Sexuelle Unreinheit ist eine verbreitete menschliche Sünde. Mephisto jedoch sagt zu Faust genau in dem Moment, als Gretchen mit dem Gebetbuch in der Hand zur Kirche geht, er solle sie verführen. Das ist satanisch. Es ist auch satanisch, die Verführung eines Geistlichen zu planen und den Akt in einer Kirche durchzuführen.

Das Schreiben, Lesen oder Betrachten von Pornographie ist eine weitere verbreitete Sünde. Aber es ist ein

Merkmal der amerikanischen Pornographie, welche Inzest, Päderastie und Perversionen propagiert, daß sie überall die Namen von Gott, Christus und Maria verwendet. Jede Obszönität wird von einem heiligen Wort begleitet, jede üble Gebärde von einem göttlichen Ausdruck, um das Heilige zu entweihen und zu profanisieren. Das ist satanisch.

Unschuldige zu kreuzigen ist eine sehr verbreitete Sünde. Aber Jesus, den Sohn Gottes, zwischen zwei Dieben zu kreuzigen, um ihn durch eine Assoziation schuldig erscheinen zu lassen, ist satanisch.

Politische Feinde zu töten, Krieg zu beginnen und Revolutionen anzuzetteln – selbst wenn sie mit Massenmorden einhergehen – ist menschliche Sündhaftigkeit. Aber die russischen Kommunisten richteten ihre Gewalt, nachdem sie Millionen ihrer Feinde getötet hatten, gegen ihre Freunde, sogar gegen ihre höchsten Genossen, die Hauptträger ihrer Revolution. Das ist das Siegel des Satanismus. Die Revolution nicht zum Erreichen eines Ziels, sondern die Revolution und das Töten um des Tötens willen, das, was Marx „die permanente Revolution" genannt hat.

Von 29 Mitgliedern und Kandidaten des Zentralkomitees der sowjetischen Kommunisten im Revolutionsjahr 1917 hatten nur vier das Glück, aus diesem Leben zu scheiden, bevor es ihnen genommen wurde. Einer der vier wurde nachträglich zum „Feind der Revolution" erklärt.

Dreizehn wurden von ihren eigenen Genossen zum Tode verurteilt oder verschwanden. Zwei wurden von Stalin so drangsaliert, daß sie Selbstmord begingen.[101]

Verbrecher oder Mafiosi zu sein ist eine abscheuliche menschliche Sünde, aber das Satanische übertrifft selbst das, was die Mafia zuläßt.

Tomasso Buscetta, eine prominente Figur der sizilianischen Mafia, der ein Informant der Polizei wurde und die Verbrechen seiner Organisation enthüllte, sagte: „Verbrechen ist eine unvermeidliche Notwendigkeit, aber es gibt immer einen Grund dafür. Bei uns ist das willkürliche Verbrechen, als Selbstzweck oder aus individuellem Antrieb, ausgeschlossen. Wir lehnen zum Beispiel die transversale Vendetta ab, d. h. die berechnete Blutrache an jemandem in der Umgebung unserer Zielperson, wie z. B. an einer Ehefrau, Kindern oder Verwandten."

Satanisches Verbrechen steht auf einer anderen Stufe. Hitler tötete Millionen von Juden einschließlich Babys mit der Begründung, daß einige Juden dem deutschen Volk Schaden zugefügt hätten. Für die Kommunisten war es eine Selbstverständlichkeit, die Familienmitglieder einer Person, welche für schuldig gehalten wurde, einzusperren und zu foltern.

Als ich ins Gefängnis gesteckt wurde, galt es als selbstverständlich, daß meine Frau auch ins Gefängnis mußte und mein Sohn von jeder Ausbildung ausgeschlossen wurde.

Der Marxismus ist keine gewöhnliche sündhafte menschliche Ideologie. Er ist satanisch in seiner Art und Weise, wie er Sünden begeht, und satanisch in der Lehre, die er verbreitet. Bei bestimmten Gelegenheiten bekannte sich der Marxismus offen zu seinem satanischen Charakter.

Man kann einen Lehrer an seinen Schülern erkennen. Um nur ein Beispiel zu geben, hier ein geflügeltes Wort von Picasso: „Der Künstler muß die Art entdecken, wie er das Publikum von der völligen Wahrheit seiner Lügen überzeugen kann."[102]

Wer war der Mann, der eine solche Ungeheuerlichkeit schrieb? Es war derselbe, der schrieb: „Ich kam zum Kommunismus, wie man an einen Brunnen kommt ... Mein Beitritt zur Kommunistischen Partei ist die logische Folge meines ganzen Lebens und Werkes."[103]

Man wird Marxist, weil man als Ideal die Lüge hat.

Um einen Einblick in das Leben und Denken einer Schlüsselfigur des Satanismus zu erhalten, braucht man nur ein paar harmlosere Auszüge aus den Schriften von Aleister Crowley (1875–1947) zu lesen, der für seine Verwicklung in okkulte Praktiken bekannt war:

„Bedauert nicht die Gestrauchelten. Ich kannte sie nie. Ich tröste nicht. Ich hasse den Tröster und den Getrösteten.“[104]

„Der Wolf betrügt nur die Gierigen und Verräterischen, der Rabe betrügt nur die Schwermütigen und Unehrlichen. Doch ich bin der, von dem geschrieben steht: Er wird die Auserwählten täuschen . . .“

„Ich habe mich selbst mit dem Blut der Heiligen genährt, aber die Menschen halten mich nicht für ihren Feind, denn mein Fell ist weiß und warm, meine Zähne sind nicht die Zähne von einem, der Fleisch zerreißt, und meine Augen sind sanft, und sie erkennen mich nicht als das Oberhaupt der lügenden Geister . . .“[105]

„Schön bist du, o Babylon, und begehrenswert . . . O Babylon, Babylon, mächtige Mutter, die du auf den gekrönten Tieren reitest, laß mich trunken sein vom Wein deiner Unzucht; laß deine Küsse mich erregen bis in den Tod.“[106]

Crowley zitiert eine Unmenge von solchen Sätzen aus völlig unbekannten älteren satanistischen Werken, die den Nichteingeführten nicht zugänglich sind.

Gotteslästerliche Versionen des Vaterunsers

Die sowjetische Zeitung *„Sowjetskaja Molodjosch“* vom 14. 2. 1976 liefert einen weiteren, schlagenden Beweis für die Verbindung zwischen den Marxisten und dem Satanismus. Sie berichtet, wie militante Kommunisten unter zaristischer Herrschaft Kirchen zerstörten und Gott verspotteten. Dazu benutzten die Kommunisten eine blasphemische Version des „Vaterunsers“:

„Unser Vater, der du bist in Petersburg [heute Leningrad],

verflucht sei dein Name.
Möge dein Reich zerbrechen.
Möge dein Wille nirgends geschehen,
nicht einmal in der Hölle.
Gib uns das Brot, das du uns gestohlen hast,
und bezahle unsere Schulden,
wie wir bis jetzt die deinen bezahlt haben.
Und führe uns nicht in Versuchung,
sondern befreie uns von dem Bösen –
der Polizei Plehves [zaristischer Premier] –
und setze dieser verfluchten Regierung ein Ende.
Aber da du ja schwach und arm im Geiste bist,
und auch an Macht und Autorität,
nieder mit dir in Ewigkeit. Amen."[107]

Das eigentliche Ziel des Kommunismus bei der Eroberung neuer Länder ist nicht, ein anderes soziales oder wirtschaftliches System zu errichten, sondern Gott zu verhöhnen und Satan zu preisen.

Der deutsche sozialistische Studentenbund hat auch eine Parodie auf das Vaterunser herausgebracht, die zeigen soll, daß die „wahre" Bedeutung dieses Gebets darin bestehe, die Interessen des Kapitalismus zu vertreten;

„Unser Kapital, das du bist im Westen,
mögen deine Investitionen sicher sein.
Mögest du Gewinn erzielen, mögen deine Aktien steigen,
an der Wallstreet wie auch in Europa.
Unsere tägliche Verkaufsquote gib uns heute
und erweitere unseren Kredit,
wie wir den unserer Schuldner erweitern.
Und führe uns nicht in den Bankrott,
sondern befreie uns von den Gewerkschaften.
Denn dein ist die Hälfte der Welt und die Macht
und der Reichtum seit 200 Jahren. Mammon."[108]

Die Gleichsetzung des Christentums mit den Interessen des Kapitalismus ist frevelhaft. Die Kirche weiß, daß auch der Kapitalismus mit Blut und Schmutz befleckt ist. Jedes Wirtschaftssystem ist von Sünde gekennzeichnet. Christen bekämpfen den Kommunismus nicht vom kapitalistischen Standpunkt, sondern vom Standpunkt des Reiches Gottes, das ihr soziales Ideal darstellt.

Diese Parodie ist eine teuflische Verhöhnung des heiligsten Gebetes, ebenso wie das von den Sowjets veröffentlichte.

In vielen kommunistischen Ländern ist die Verspottung des Vaterunsers üblich.

Äthiopischen Kindern wird gelehrt, wie folgt zu beten:

„Unsere Partei, die du in der Sowjetunion regierst,
geheiligt werde dein Name.
Dein Reich komme,
dein Wille geschehe in Äthiopien
wie in der ganzen Welt.
Unser tägliches Brot gib uns heute
und vergib nicht die Sünden
der Imperialisten, wie wir ihnen nicht
vergeben.
Und mögen wir der Versuchung widerstehen,
den Kampf aufzugeben.
Und erlöse uns von den Übeln des Kapitalismus.
Amen."

Über die lutherische Rundfunkstation, die von der kommunistischen Regierung beschlagnahmt wurde, wird eine satanische Version der Bibel gesendet. 1. Korinther 13 lautet wie folgt:

„Wenn ich alle Sprachen spreche und keine Feindschaft gegen die Grundbesitzer und Kapitalisten hege, bin ich wie tönendes Messing geworden ... Klassenhaß duldet keine Ausbeutung und ist brutal. Klassenhaß beneidet ihre Reichtümer und prahlt mit den erfolgreichen Revolutionen in vielen sozialistischen Ländern ... Und nun mögen Glaube, Hoffnung und Klassenhaß fortbestehen, aber der größte hiervon ist der revolutionäre Haß."

Während des Generalstreiks, den die französischen Kommunisten 1974 organisierten, wurden die Arbeiter aufgefordert, durch die Straßen von Paris zu marschieren und die Parole zu rufen:

„Giscard d'Estaing est foutu;
Les démons sont dans la rue."
(„Giscard d'Estaing ist am Ende.
Jetzt sind die Dämonen auf der Straße.")

Warum die Dämonen? Weshalb nicht das Proletariat oder das Volk? Waren das Heraufbeschwörungen satanischer Kräfte? Was hat das mit legitimen Forderungen der Arbeiterklasse nach höheren Löhnen zu tun?

Vergötterung von Kommunistenführern

Kommunistische Führer wurden und werden weiterhin vergöttert. Sehen wir uns dazu das folgende Gedicht zu Ehren Stalins aus der *„Prawda"* an (Moskau, 10. März 1939; die *„Prawda"* ist das Zentralorgan der Kommunistischen Partei der UdSSR):

„Die Sonne scheint sanft, und wer wüßte nicht,
daß Du diese Sonne bist?
Das Rauschen der Wellen singt eine Ode an Stalin.
Das blendende Weiß der Berge singt das Lob Stalins.
Millionen Blumen und Wiesen danken Dir.
Ebenso die gedeckten Tische.
Die Hummeln danken Dir.
Die Väter alle jungen Helden danken Dir, Stalin;
O Erbe Lenins, Du bist für uns Lenin selbst."

Tausende derartiger Gedichte wurden geschrieben. Hier ist eine weitere Hymne von ungewöhnlicher Inbrust und Schönheit an Stalin, die an die ostbyzantinische Christenheit vom vierten und den folgenden Jahrhunderten erinnert:

„O großer Stalin, o Führer der Völker,

Der Du den Menschen ans Licht der Welt gebracht hast,
Der Du die Erde reinigest,
Der Du die Jahrhunderte erneuerst,
Der Du den Frühling blühen läßt,
Der Du die Saiten tönen läßt . . .
Du, Glanz meines Frühlings, O Du
Sonne, gespiegelt in Millionen Herzen."

Die vorstehende Hymne wurde im August 1936 in der „Prawda" veröffentlicht. Im Mai 1935 hatte dasselbe Parteiorgan den folgenden außergewöhnlichen Erguß veröffentlicht:

„Er befiehlt der Sonne seiner Feinde zu sinken.
Er sprach, und der Osten wurde großartige Glut für Freunde.
Sollte er sagen, daß Kohle weiß werde.
Es wird sein, wie Stalin es will . . .
Herr der ganzen Welt – daran denke – ist jetzt Stalin."

Eine spätere Komposition von einem führenden sowjetischen Dichter zeigt eine Entwicklung im Stil, jedoch kaum in der Sache:

„Ich hätte ihn verglichen mit einem weißen Berg –
aber der Berg hat einen Gipfel.
Ich hätte ihn verglichen mit den Tiefen der See –
aber das Meer hat einen Grund.
Ich hätte ihn verglichen mit dem glänzenden Mond –
aber der Mond scheint in der Nacht, nicht am Tag.
Ich hätte ihn verglichen mit der strahlenden Sonne –
aber die Sohne strahlt am Tag, nicht bei Nacht."

Mao Tse-tung wurde verehrt als der, „dessen Geist die Welt erschaffen hat". Kim-Il Sung, Diktator von Nordkorea, wird vergöttert, ebenso auch Nikolai Ceausescu, der kommunistische Diktator von Rumänien.

Ceausescu ist eine weitere satanische Figur. Er ist Objekt eines Personenkultes und wird mit Julius Cäsar, Alexander dem Großen, Perikles, Cromwell, Napoleon, Peter dem Großen und Abraham verglichen. Diese erlauchte Gesellschaft scheint noch nicht auszureichen. Also wird er auch „Unser Laiengott“ genannt.

Das kommunistische Rumänien, das keine internationalen religiösen Kongresse genehmigt, ließ im Frühjahr 1979 in Curtea de Argesch einen Hexenkongreß zu.

In Bukarest gibt es ein Museum für Geschenke, die Ceausescu vom Volk erhalten hatte. Darin befindet sich auch ein Aquarell von einem blinden Maler, der seine Sehkraft durch ein Wunder wiedererlangte. Er schreibt dies der Tatsache zu, daß er „alle Gedanken auf den Präsidenten konzentrierte, welcher nicht nur die Blinden sehend machen, sondern auch die Karpaten versetzen kann“.

Ein Porträt zeigt Ceausescu mit König Vlad Tsepesch, der als „Dracula, der Vampir“ bekannt war, da er seine Gegner aufzuspießen pflegte. In ähnlicher Weise verherrlichte Stalin die Person von Zar Iwan dem Schrecklichen.[109]

Die kleinen und die großen Teufel

Nach offizieller marxistischer Lehre, die – wie aufgezeigt – nur eine Maske ist, gibt es weder Gott noch den Teufel. Beide seien Phantasievorstellungen. Wegen dieser Lehre werden Christen von den Kommunisten verfolgt.

Die sowjetische Zeitung *„Kommunisma Uzvara“* berichtete jedoch im April 1979, daß viele atheistische Zirkel in den Schulen des roten Lettland gegründet wurden. Die Kinder in diesen Kreisen heißen von der 4. bis zur 6. Klasse „kleine Teufel“, in der 7. Klasse heißen sie „Diener des Teufels“. In einer anderen Schule heißen sie in der 8. Klasse „treue Kinder des Teufels“. Zu den Zusammenkünften kommen die Kinder als Teufel verkleidet mit Hörnern und Schwänzen.[110]

So ist es also verboten, Gott zu verehren, aber die Teufelsverehrung wird bei Kindern im Schulalter offen zugelassen und sogar gefördert. Dies war das heimliche Ziel der Kommunisten, als sie in Rußland die Macht übernahmen.

In Witebsk (UdSSR) wurde Zoja Titowa, ein Mitglied der kommunistischen Jugendorganisation, bei der Praktizierung Schwarzer Magie erwischt. Als ihr Fall vor die Versammlung kommunistischer Jugend gebracht wurde, lehnte man es einstimmig ab, sie zu bestrafen, obwohl Mitglieder, die beschließen, Gott anzubeten, ausgeschlossen werden. Die Kommunisten erachten es als falsch, an Gott zu glauben. Für dieses „Verbrechen" wurden viele Kinder von ihren Familien getrennt und in speziellen atheistischen Internaten untergebracht.

Darüber hinaus wollten die Kommunisten Kirchenführer zu Satansverehrern machen. Der russisch-orthodoxe Priester Platonov, ein antijüdischer Agitator, wechselte auf die Seite der Kommunisten, als sie in Rußland an die Macht kamen. Dafür wurde er zum Bischof ernannt und wurde zum Judas, der manche aus seiner Herde an die Geheimpolizei verriet, obwohl er genau wußte, daß sie dann verfolgt werden würden. Eines Tages traf er im Bus seine Schwester Alexandra, eine Äbtissin, die schon viele Male verhaftet worden war – offensichtlich mit Wissen ihres Bruders. Er fragte sie: „Warum sprichst du nicht mit mir? Erkennst du deinen Bruder nicht?" Sie antwortete: „Du fragst, warum? Vater und Mutter würden sich im Grabe umdrehen. Du dienst Satan." Und obwohl er offizieller orthodoxer Bischof der Sowjets war, erwiderte er: „Vielleicht bin ich selbst Satan."[111]

Die *„Prawoslavnaja Rus"* schreibt: „Die orthodoxe Kathedrale in Odessa, welche die Einwohner von Odessa so geliebt hatten, wurde bald nach der Machtübernahme durch die Kommunisten zum Treffpunkt von Satanisten ... Sie versammelten sich auch in Slobodka-Romano und in Graf Tolstois früherem Haus." Dann folgt eine detaillierte Beschreibung satanistischer Messen, die von Diakon Sergej Michailow von der abtrünnigen Lebenden

Kirche, einer orthodoxen Glaubensrichtung, die mit stillschweigender Zustimmung der Kommunisten gegründet wurde, gehalten wurden. Ein Teilnehmer beschreibt die satanistische Messe als „eine Parodie auf die christliche Liturgie, in der menschliches Blut für die Kommunion verwendet wird“. Diese Messen fanden in der Kathedrale vor dem Hauptaltar statt.

In Odessa befand sich im Museum der Atheisten eine Statue des Satans. Sie wurde Bafomet genannt. Nachts kamen die Satanisten im Museum zu Gebet und Gesang vor der Statue zusammen.[112]

Religiöse Obszönitäten

Man kann sogar noch verstehen, daß Kommunisten Priester und Pfarrer als Konterrevolutionäre einsperren. Aber weshalb wurden Priester im rumänischen Gefängnis Piteschti von Marxisten gezwungen, über Kot und Urin die Messe zu halten? Weshalb wurden Christen gefoltert, damit sie die Kommunion mit diesen Exkrementen als Hostien empfingen? Warum die obszöne Verhöhnung der Religion? Weshalb wurden dem rumänischen orthodoxen Priester Roman Braga, einem ehemaligen Gefangenen der Kommunisten, die Zähne mit einer Eisenstange eingeschlagen, um ihn zur Gotteslästerung zu zwingen? Die Kommunisten hatten ihm und anderen erklärt: „Wenn wir euch Christen töten, kommt ihr in den Himmel. Aber wir wollen nicht, daß ihr zu Märtyrern gekränzt werdet. Ihr sollt zuerst Gott lästern und dann zur Hölle fahren.“

Im Gefängnis von Piteschti „tauften“ die Kommunisten einen religiösen Gefangenen täglich, indem sie seinen Kopf in einen Eimer tauchten, in den seine Leidensgenossen ihre Notdurft verrichtet hatten; die anderen Gefangenen mußten währenddessen den Taufgottesdienst singen.

Ein Theologiestudent wurde gezwungen, sich in weiße Tücher zu hüllen (um die Kleidung Christi nachzuahmen), und um seinen Hals wurde ihm ein Phallus aus Seife an einer Schnur gehängt. Christen wurden bis zum Wahnsinn geschlagen, damit sie vor dieser Christus verhöhnenden Figur knieten. Nach dem Küssen der Seife mußten sie einen Teil der Liturgie rezitieren.[113]

Gefangene wurden gezwungen, ihre Hosen auszuziehen und mit entblößten Gesäß auf offene Bibeln zu sitzen.[114]

Derartige gotteslästerliche Praktiken wurden mindestens zwei Jahre mit Wissen der obersten Parteiführung getrieben.

Was haben diese unwürdigen Vorgänge mit dem Sozialismus und den Interessen des Proletariats zu tun? Dienen ihre antikapitalistischen Parolen nur als Vorwand für satanische Lästerung und Orgien?

Marxisten werden für Atheisten gehalten, die nicht an Himmel und Hölle glauben. Unter extremen Bedingungen hat der Marxismus seine atheistische Maske abgelegt und sein wahres Gesicht gezeigt – den Satanismus.

Für die Verfolgung der Religion durch die Kommunisten mag es eine vernünftige Erklärung geben; eine so wütende Verfolgung jedoch übersteigt jeden Verstand und kann nur satanisch sein.

In rumänischen Gefängnissen und in der Sowjetunion wurden Nonnen, die ihren Glauben nicht verleugnen wollten, durch den After vergewaltigt; baptistische Mädchen wurden zum Oralverkehr gezwungen.[115]

Viele starben als Märtyrer. Die Kommunisten waren damit nicht zufrieden. Mit luziferischen Methoden erreichten sie, daß Märtyrer im Delirium exzessiver Folter im Tode Gotteslästerungen aussprachen.

In den Werken von Marx findet sich nur eine Stelle, an der er über die Folter schreibt. Zu seinen Lebzeiten wurden viele seiner Anhänger von Behörden des zaristischen Rußlands gefoltert. Da Marx normalerweise als

Humanist beschrieben wird, sollte man erwarten, daß er mit Abscheu über diese greuelhaften Methoden schreibt.

Aber sein einziger Kommentar dazu war: „Allein die Folter hat zu den genialsten mechanischen Erfindungen geführt und vielen ehrbaren Handwerkern bei der Herstellung der entsprechenden Geräte Arbeit gegeben.“[116]

Die Folter ist produktiv, sie führt zu Erfindungen – das war alles, was Marx zu diesem Thema zu sagen hatte. Kein Wunder, daß marxistische Regierungen mit der Folterung ihrer Gegner alle anderen Regierungen überflügelt haben!

Im Jahre 1923 fanden in der Sowjetunion Scheinprozesse gegen Gott in Anwesenheit von Trotzki und Lunatscharski statt.[117] Aber solche Ereignisse gab es nicht nur in der Vergangenheit.

In seinem Buch *„Psychiatrische Klinik 14, Moskau“* berichtet Georgij Fedotow von seinem Gespräch mit dem Psychiater Dr. Wladimir Lewitskij über den dort inhaftierten Christen Argentow. Der Arzt sagte: „Sie ziehen Ihren Freund Eduard zu Gott und wir zum Teufel. Daher mache ich von meinen Rechten als Psychiater Gebrauch, Ihnen und Ihren Freunden den Zutritt zu ihm zu verweigern.“[118]

Der Christ Salu Daka Ndebele wurde von der Geheimpolizei von Maputo im kommunistischen Mozambique verhört. Der Polizeibeamte sagte zu ihm: „Wir wollen Ihren Gott töten.“ Er hält sein Gewehr an den Kopf des Gefangenen und erklärt: „Dies ist *mein* Gott. Damit habe ich Macht über Leben und Tod. Wenn dein Gott hierherkommt, werde ich selbst ihn erschießen.“[119]

In Chiasso im kommunistischen Angola schlachteten Kommunisten Tiere in der Kirche und legten die Tierköpfe dann auf den Altar und die Kanzel. Ein Plakat proklamierte dazu: „Dies sind die Götter, die ihr verehrt.“ Pastor Aurelio Chicanha Saunge wurde zusammen mit 150 Gemeindemitgliedern umgebracht.[120]

Der litauische katholische Priester Eugen Wosikewitsch wurde offensichtlich in einem satanistischen Ritual der Kommunisten umgebracht, denn man fand seinen Mund mit Brot vollgestopft.[121]

Der kommunistischen Zeitung *„Wetschernaja Moskwa"* unterlief ein Freudscher Lapsus: „Wir kämpfen nicht gegen die Gläubigen und noch nicht einmal gegen die Geistlichen. Wir bekämpfen Gott, um ihm die Gläubigen wegzuschnappen."[122]

„Der Kampf gegen Gott, um ihm die Gläubigen wegzuschnappen", ist die einzige logische Erklärung für den Kampf des Kommunismus gegen die Religion.

Solche Worte in einer sowjetischen Zeitung erstaunen uns nicht.

Marx hatte es bereits in seinem Buch *„Deutsche Ideologie"* ausgesprochen. Er bezeichnete Gott als den „Absoluten Geist" wie schon sein Lehrer Hegel und schrieb: „Wir befassen uns mit einer hochinteressanten Frage: der Zersetzung des absoluten Geistes."

Es war nicht der Kampf gegen den falschen Glauben an einen nicht existierenden Gott, der ihn beschäftigte. Er glaubte an die Existenz Gottes; was er sehen wollte, war die Zersetzung dieses absoluten Geistes, so wie die Kommunisten viele ihrer Gefangenen im Kerker verfaulen ließen.

In Albanien wurde der Priester Stephen Kurti zum Tode verurteilt, weil er ein Kind getauft hatte. Auch in China und Nordkorea kann nur heimlich getauft werden.

Beim Prozeß gegen den Metropoliten Benjamin von Leningrad sagte der Staatsanwalt: „Die gesamte orthodoxe Kirche ist eine subversive Organisation. Eigentlich müßte man die ganze Kirche ins Gefängnis stecken."

Der einzige Grund, warum in der Sowjetunion nicht alle Christen im Gefängnis sind, ist, daß die Kommunisten noch nicht mächtig genug sind. Aber der Wille, alles zu zerstören, ist vorhanden. Nicht gehindert vom Geist Gottes, und von den Mächten des Bösen unterstützt, würden sie die ganze Erde mit sich selbst zerstören.

In der Sowjetunion ist die Taufe nur möglich, wenn man sich vorher registrieren läßt. Wer sich oder seine Kinder taufen lassen will, muß der Kirchenbehörde den Personalausweis vorlegen. Die Kirchenbehörde informiert ihrerseits die staatliche Behörde. Und das Ergebnis ist dann Verfolgung. Kolchosbauern besitzen keinen Personalausweis und können ihre Kinder daher nur heimlich taufen lassen.[123]

Viele protestantische Pfarrer wurden schon mit Gefängnis bestraft, weil sie tauften.

Der kommunistische Kampf gegen die Taufe geht von der Voraussetzung aus, daß die Taufe für eine Seele von Wert ist. Staaten, die auf eine bestimmte Religion gegründet sind, wie Israel, Pakistan oder Nepal, stellen sich im Namen einer anderen religiösen Überzeugung gegen die Taufe als äußerliches Zeichen der Aufnahme in das Christentum. Aber für Atheisten, wie sich die Kommunisten bezeichnen, bedeutet die Taufe doch nichts. Ihrer Einstellung nach dürfte sie dem Getauften ebensowenig nützen wie schaden. Weshalb bekämpfen die Kommunisten dann die Taufe? Aus keinem anderen Grund als diesem: „Sie kämpfen gegen Gott, um ihm die Gläubigen wegzuschnappen." Ihre Ideologie ist in Wirklichkeit nicht vom Atheismus inspiriert.

„Unter anderem", sagte Lenin, „haben wir unsere Partei gerade für den Kampf gegen jede religiöse Täuschung des Volkes gegründet."

Näheres über die Beziehung zwischen dem Marxismus und dem Okkultismus ist in *„PSI"*[124] von Sheila Ostrander und Lynn Schröder zu finden. Es ist bezeichnend, daß der kommunistische Osten in der Erforschung der von Satan gelenkten dunklen Mächte viel weiter ist als der Westen.

In Moskau wurde ein gewisser Dr. Eduard Naumow verhaftet. Er ist Mitglied der Internationalen Vereinigung der Parapsychologen. Der Moskauer Physiker C. Regelsohn, ein Judenchrist, der seine Verteidigung übernahm, nennt uns den Grund der Verhaftung: Naumow hatte sich bemüht, die Sphäre psychischen Lebens von der Herrschaft übler Kräfte freizuhalten, die an der Parapsychologie nur als einer neuen Waffe zur Unterdrückung der menschlichen Persönlichkeit interessiert sind.[125]

In der Tschechoslowakei und Bulgarien gab die kommunistische Partei riesige Summen für die geheime Erforschung dieser Wissenschaft aus. Es gibt einen „Eisernen" Vorhang, der den Westen davon abhält zu erfahren, was in den zwanzig parapsychologischen Instituten der Sowjetunion vor sich geht.

Die Moskauer *„Komsomolskaja Prawda"* veröffentlichte einen ausführlichen Artikel über Hypnotiseure, die Menschen in „frühere Leben zurückversetzen".

Zur Einführung verwenden sie die folgenden Suggestionen: „Du versinkst in die Erde – tiefer – tiefer. Du wirst eins mit der Erde . . . Du bist tief in der Erde. Tiefe Dunkelheit umgibt dich . . . Um dich herum ist ewige Nacht . . ."

„Wir nähern uns jetzt einem fernen Lichtschein . . . näher – näher. Wir schlüpfen durch ein kleines Loch in den Himmel und lassen unseren Körper tief in der Erde . . . Wir überwinden die Grenzen der Zeit . . . und wir kehren in deine Vergangenheit zurück . . ."

In derartigen Artikeln verwenden die Sowjets absichtlich doppeldeutige Sprachformen. In dem Bewußtsein, daß manche dabei erschrecken könnten, sind sie bewußt zurückhaltend und geben vor, nur zu informieren, ohne damit einverstanden zu sein.

Aber was würden die Leser von einem Verleger denken, der ständig provozierende Artikel und wollüstige Bilder aus dem *„Playboy"* neu auflegte und dabei sagte, er sei nicht ganz mit dem einverstanden, was er seinen Lesern liefert?

Sowjetische Autoren sagen klar und deutlich, daß

diese „Zeitmaschine“ kein Zukunftsroman ist. Die „Transpersonalisierung“ ermöglicht diese Zeitreise.

In den satanistischen schwarzen Messen werden alle Gebete von hinten nach vorne gesprochen, und die Priesterrobe wird mit der Innenseite nach außen getragen. Umkehrung ist die satanistische Regel, und sie wird sogar auf die Lehre von der Wiedergeburt übertragen. In Indien denken die Gläubigen an ihre zukünftigen Wiedergeburten und versuchen, auf eine höhere Stufe zu kommen, indem sie das befolgen, was sie für Gottes Gebote halten; die Satanisten dagegen bieten eine Rückkehr zu früheren Leben. Eine bessere Zukunft in der Ewigkeit ist ihnen vollkommen gleichgültig.

Der Marxismus als Kirche

So wie sich Satan Jesus mit Bibelversen näherte, so verwendet Marx Texte aus der Schrift – mit großer Verzerrung.

Band 2 der *„Werke“* von Marx und Engels beginnt mit den Worten Jesu an seine Jünger (Joh. 6,63), wie sie von Marx in seinem Buch *„Die Heilige Familie“* zitiert wurden: „Es ist der Geist, der Leben gibt.“ Dann lesen wir: „Kritik [seine Kritik an allem bestehenden] hat die Massen geliebt, daß sie ihren eingebornen Sohn [d. h. Marx] gab, auf daß alle, die an ihn glauben, nicht verloren werden, sondern ein kritisches Leben haben. Und die Kritik ward Masse und wohnte unter uns, und wir sahen ihre Herrlichkeit, eine Herrlichkeit als des eingebornen Sohnes vom Vater. Kritik nahm's nicht als einen Raub, Gott gleich zu sein, sondern entäußerte sich selbst und nahm Buchbindersgestalt an, erniedrigte sich selbst bis zum Unsinn, ja zum kritischen Unsinn in fremden Sprachen.“[126]

Wer in der Schrift bewandert ist, wird dies als eine Parodie auf biblische Verse erkennen (Joh. 3,16; 1,14;

Philipper 2,6–8). Hier erklärt Marx seine eigenen Bücher wieder zum „Unsinn", wie zur „schmutzigen Literatur".

Der Marxismus ist eine neue Religion. Er verwendet die Heilige Schrift. Sein Hauptwerk, *„Das Kapital"* von Marx, wird „die Bibel der Arbeiterklasse" genannt. Marx selbst betrachtete sich als „Papst des Kommunismus".[127]

Der Kommunismus „hat den Anspruch der Unfehlbarkeit".[128] Alle, die sich dem kommunistischen „Glaubensbekenntnis" (Engels[129]) widersetzen, werden exkommuniziert. Marx schrieb: „Bakunin sollte sich vorsehen. Sonst exkommunizieren wir ihn."[130]

Diejenigen, die im Dienste des Marxismus umgekommen sind, werden als „Märtyrer" gefeiert. Der Marxismus hat seine Sakramente: die feierliche Aufnahme in die Kleinkinderorganisation „Kinder des Oktober", die Eide, die bei der Aufnahme in die „Pioniere" abgelegt werden, und später die höheren Weihen der Einführung in den Komsomol und in die Partei. Die Beichte wird ersetzt durch öffentliche Selbstkritik vor den versammelten Parteimitgliedern.

Der Marxismus ist eine Kirche. Er hat alle Merkmale einer Kirche. Aber der Gott dieser Kirche wird in der Volksliteratur nicht genannt. In diesem Buch habe ich den Nachweis erbracht, daß ihr Gott Satan ist.

Es ist verwunderlich, daß der Marxismus, obwohl er offensichtlich satanisch ist, von vielen Kirchen der freien Welt nicht als Bedrohung empfunden wird. Hierzu gibt es einige aufschlußreiche Statistiken.

In den USA wurde Seminarprofessoren die Frage gestellt: „Kann man es vereinbaren, ein gutes Mitglied ihres Bekenntnisses und gleichzeitig ein Marxist zu sein?"

Im folgenden nun die Prozentsätze derjenigen, die mit „Ja" antworteten[131]:

Episkopalen	68 %
Lutheraner	53 %

Presbyterianer	49 %
Methodisten	49 %
Kirche Christi	47 %
Amerikanische Baptisten	44 %
Römisch-katholisch	31 %

Marx und Darwin

Welchen besonderen Beitrag leistete Marx zum Plan des Teufels mit der Menschheit? – Einen sehr bedeutenden.

Die Bibel lehrt, daß Gott den Menschen sich zum Bilde erschuf (1. Mose 1,27). Bis zu Marx' Zeit wurde der Mensch als Krone der Schöpfung betrachtet. Marx war das erwählte Werkzeug Satans, um den Menschen dazu zu bringen, seine Selbstachtung und seine Überzeugung zu verlieren, daß er von einem höheren Ort komme und dazu bestimmt sei, auch wieder dahin zurückzukehren. Der Marxismus ist die erste systematische, detaillierte Philosophie, die den Begriff Mensch rigoros einschränkt. Laut Marx besteht der Mensch hauptsächlich aus Bauch. Dieser Bauch muß ständig gefüllt werden. Die vorherrschenden Interessen des Menschen sind wirtschaftlicher Art. Er produziert für seine Bedürfnisse. Zu diesem Zweck tritt er in gesellschaftliche Beziehungen zu anderen. Das ist die Grundlage der Gesellschaft, das, was Marx als Unterbau bezeichnet. Ehe, Liebe, Kunst, Wissenschaft, Religion, Philosophie und alles, was der Bauch nicht braucht, gehören zum Überbau, der letztendlich vom Zustand des Bauches bestimmt wird.

Kein Wunder, daß Marx so großes Gefallen an Darwins Buch „*Die Abstammung des Menschen*“ fand, ein weiterer meisterlicher Schlag, um die Menschen ihren göttlichen Ursprung und ihr göttliches Ziel vergessen zu machen. Darwin sagte, der Mensch stamme von der

Tierwelt ab und habe kein anderes Ziel als nur das Überleben.

Der Mensch, der König der Natur, wurde von diesen beiden entthront. Satan konnte Gott nicht entthronen, folglich entwertete er den Menschen. Der Mensch wurde als Nachkomme des Tieres und als Sklave seiner Eingeweide dargestellt.

Es ist ein seltsamer Zufall, daß das 19. Jahrhundert der Welt drei führende Gegner des Christentums mit dem Vornamen Karl bescherte:

Karl Marx, Charles (engl. Karl) Darwin und den französischen Dichter Charles (Karl) Baudelaire. Der letztere schrieb in *„Kain und Abel"*:

„Rasse Kains, steig auf zum Himmel und wirf Gott zur Erde."

Am 16. Januar 1861 schrieb Marx an Ferdinand Lassalle: „Darwins Buch ist sehr bedeutend und dient mir als Grundlage in den Naturwissenschaften für den historischen Klassenkampf."

Marx' Schwiegersohn, Paul Lafargue, sagt in *„Sozialismus und die Intellektuellen"*: „Als Darwin sein Werk *‚Ursprung der Arten'* veröffentlichte, nahm er Gott seine Rolle als Schöpfer in der organischen Welt, wie Franklin ihn seines Blitzstrahls beraubt hat."

Das Schreckliche daran ist, daß Darwin mißbraucht wurde. Es war keineswegs seine Absicht gewesen, der Religion zu schaden.

Er hatte geschrieben: „Es ist eine Großartigkeit in dieser Sicht des Lebens mit seinen Kräften, die ursprünglich in einige Formen oder in eine Form gehaucht worden sind." Um seine Position stärker zu betonen, fügte Darwin in der zweiten Ausgabe ein: „durch den Schöpfer" und dann „gehaucht". In allen weiteren Auflagen wurden diese Worte beibehalten.

Später vollendete Freud das Werk dieser beiden satanischen Giganten, Darwin und Marx, und reduzierte den Menschen auf ein Geschlechtswesen, das manchmal in die Höhen der Politik, Kunst oder Religion steigt. Es war der Schweizer Psychologe Jung, der wieder zur biblischen Lehre zurückkehrte, daß das religiöse Bedürfnis das Grundlegende im Menschen sei.

Marx' Epoche war eine Zeit des satanischen Machtausbruchs in vielen Lebensbereichen. Der französische Dichter Baudelaire verfaßte damals *„Die Blumen des Bösen“* und erklärte darin offen, daß er auf der Seite der Ummoral stehe. Der russische Dichter Sologub verfaßte *„Mein Vater ist der Teufel“*, und Brjusow schrieb: „Ich verherrliche gleichermaßen den Herrn und den Teufel.“

Marx war ein Kind derselben Epoche, die uns Nietzsche (den Lieblingsphilosophen Hitlers und Mussolinis), Max Stirner, den extremsten Anarchisten, und Oscar Wilde, den ersten Theoretiker der Freiheit der Homosexualität, brachte, einem Laster, das heute sogar von der Geistlichkeit manchmal akzeptiert wird.

Satanische Mächte bereiteten Rußland auf den Sieg des Marxismus vor. Der Schriftsteller Alexej Tolstoi beschreibt den geistigen Zustand des vorrevolutionären Rußlands wie folgt: „Damals wurde die Liebe, das Gute und eine gesunde Einstellung als schlecht und rückschrittlich betrachtet ... Die Mädchen verbargen ihre Unschuld und die Männer ihre Treue. Zerstörung wurde als guter Geschmack gepriesen, und Nervenschwäche galt als Zeichen eines feinen Geistes. So lehrten es die neuen Schriftsteller, die plötzlich aus dem Nichts aufgetaucht waren. Die Menschen erfanden Laster und Perversionen und sorgten dafür, daß sie ja nicht den Eindruck erweckten, moralisch zu sein.“

Wie konnte es geschehen, daß Stalin Revolutionär wurde, nachdem er Darwins Schriften gelesen hatte?[132] Als Student in einem orthodoxen Seminar bekam er durch Darwin vermittelt, daß wir keine Geschöpfe Gottes, sondern das Ergebnis einer Evolution seien, in der ein rücksichtsloser Konkurrenzkampf herrsche. Nur der Stärkste und Grausamste überlebe. Moralische und religiöse Kriterien spielten in der Natur keine Rolle. Der Mensch sei genauso Bestandteil der Natur wie ein Fisch oder ein Affe. Darum: Lang lebe die Rücksichtslosigkeit und die Grausamkeit!

Darwin hatte ein wissenschaftliches Buch über seine Theorie der Entstehung der Arten geschrieben. Es hatte nichts mit wirtschaftlichen oder politischen Zusammenhängen zu tun. Aber wenn auch viele bis zu dem Zugeständnis gehen wollen, daß Gott die Welt über einen langen Evolutionsprozeß erschaffen hat, war doch das Endergebnis von Darwins Schriften der Tod von zig Millionen Unschuldigen. So wurde er zum geistigen Vater des größten Massenmörders der Geschichte.

Neben den intellektuellen Wirren des 19. Jahrhunderts bestand der Einfluß der Französischen Revolution, die im geistigen Sinne den russischen Umwälzungen des 20. Jahrhunderts sehr verwandt war.

Anläßlich der Vorkommnisse in Frankreich erklärte Anarchasis Clootz, ein führender französischer Revolutionär und Illuminatus (Erleuchteter), „der persönliche Feind Jesu Christi" zu sein. Er proklamierte vor dem Konvent am 17. November 1792: „Das Volk ist souveräner Herrscher und Gott der Welt... nur Narren glauben an einen anderen Gott, an ein höheres Wesen." Der Konvent veröffentlichte dann ein Dekret, in welchem „die Nichtigkeit aller Religionen" verkündet wurde.

Alle diese Punkte bedürfen einer Untersuchung. Ich fordere die Gelehrten dazu auf!

Für diejenigen unter uns, denen die Worte des Vaterunsers „Bewahre uns vor dem Bösen" etwas bedeuten, gibt es nur eine Folgerung: uns und die Gesellschaft vor falschen Lehren, vor schändlicher Kunst, die uns unter dem Deckmantel der Schönheit an das Böse gewöhnt, und vor der Unmoral im Leben zu bewahren. Dann brauchen wir die Fallstricke des Teufels nicht zu fürchten.

Wir sind vor die Wahl gestellt, grausam zu werden wie

der Teufel, oder Menschen zu werden mit einer friedvollen Seele nach dem Vorbild Jesu.

Der falsche Zionismus des Moses Hess

Um das Bild abzurunden, noch ein paar Worte zu Moses Hess, dem Mann, der Marx und Engels zur sozialistischen Weltanschauung bekehrte.

In Israel befindet sich ein Grab, auf dem die Worte zu lesen sind: „Moses Hess, Gründer der deutschen sozialdemokratischen Partei."

In seinem *„Roten Katechismus für das deutsche Volk"* schrieb er: „Was ist schwarz? Schwarz ist die Geistlichkeit. Diese Theologen sind die schlimmsten Aristokraten ... Der Geistliche lehrt die Fürsten, das Volk im Namen Gottes zu unterdrücken. Zweitens lehrt er das Volk, sich im Namen Gottes unterdrücken und ausbeuten zu lassen. Drittens und grundsätzlich sorgt er mit Gottes Hilfe dafür, daß er ein herrliches Leben auf Erden führt, während er den Leuten rät, auf den Himmel zu warten ...

Die rote Fahne symbolisiert die anhaltende Revolution bis zum vollendeten Sieg der Arbeiterklasse aller zivilisierten Länder, die rote Republik ... Die sozialistische Revolution ist meine Religion ... Wenn die Arbeiter ein Land erobert haben, müssen sie ihren Brüdern in der übrigen Welt helfen."[133]

Das war Hess' Religion, als er den „Katechismus" zum ersten Mal herausgab. Bei der zweiten Auflage fügte er weitere Kapitel hinzu. Diesmal benutzte er zur Verherrlichung derselben Religion, d. h. der sozialistischen Revolution, die christliche Sprache, um bei den Gläubigen besser anzukommen. Da sind nun zusammen mit der Propaganda der Revolution auch ein paar nette Worte über das Christentum als Religion der Liebe und des Humanismus zu lesen. Aber ihre Botschaft braucht noch eine Verdeutlichung: Ihre Hölle dürfe nicht auf Erden und ihr Himmel nicht im Jenseits sein! Die sozialistische Gesellschaft sei die wahre Erfüllung des Christentums. Auf diese Weise verkleidet sich der Teufel als Engel des Lichts.

Nachdem Hess Marx und Engels von der sozialistischen Idee überzeugt hatte, ihnen von Anfang an zum Ziel setzend, „der mittelalterlichen Religion den letzten Stoß zu versetzen“[134] (sein Freund Jung drückte es sogar noch klarer aus: „Marx wird Gott sicherlich aus seinem Himmel vertreiben“)[135], trat eine interessante Entwicklung in Hess' Leben ein. Er, der Gründer des modernen Sozialismus, gründete eine ganz andere Bewegung, eine besondere Form des Zionismus.

So war Hess, der Begründer des modernen Sozialismus, eines Sozialismus mit dem Ziel, „Gott aus dem Himmel zu vertreiben“, auch der Gründer eines satanischen Zionismus, der den göttlichen Zionismus, den Zionismus der Liebe, des Verständnisses und der Eintracht mit den umliegenden Staaten, zerstören sollte.

Er, der Marx die Bedeutung des Klassenkampfes lehrte, schrieb 1862 die erstaunlichen Worte: „Der Rassenkampf ist erstrangig, der Klassenkampf zweitrangig.“[136] Er hatte das Feuer des Klassenkampfes entfacht, ein Feuer, das nie mehr gelöscht wurde, anstatt die Menschen zu lehren, wie man für das allgemeine Wohl zusammenarbeitet.

Dann brütete derselbe Hess eine Verzerrung des Zionismus aus, einen Zionismus des Rassenkampfes, einen Zionismus, der durch den Kampf gegen die Menschen erzwungen wurde, die der jüdischen Rasse nicht angehörten. Wie wir den satanischen Marxismus ablehnen, so muß auch jeder verantwortungsbewußte Jude oder Christ diese teuflische Verdrehung des Zionismus ablehnen.

Hess beansprucht Jerusalem für die Juden, aber ohne Jesus, den König der Juden. Wozu braucht er Jesus? Er schreibt: „Jeder Jude hat die Veranlagung zu einem Messias, jede Jüdin die zu einer Mater dolorosa."[137] Weshalb hat er dann den Juden Marx nicht zu einem Messias und einem von Gott gesalbten Menschen gemacht, sondern zu einem Hasser, der Gott aus dem Himmel vertreiben wollte? Für Hess ist Jesus „ein Jude, den die Heiden als ihren Erlöser vergöttern".[138] Weder er noch die Juden scheinen ihn für sich selbst zu brauchen.

Hess wollte nicht erlöst sein. Es sei „indogermanisch", wenn ein Mensch persönliche Heilung suche. Das Ziel der Juden muß, laut Hess, ein „messianischer Zustand" sein, „der die Welt nach dem göttlichen Plan gestaltet".[139] Das heißt, nach seinem roten Katechismus, die sozialistische Revolution mit Rassen- und Klassenkampf auszulösen.

Moses Hess, der sein Idol Marx mit der Aufgabe betraute, der mittelalterlichen Religion ein Ende zu setzen und sie durch die „Religion" der sozialistischen Revolution zu ersetzen, schreibt die erstaunlichen Worte: „Ich wurde stets durch hebräische Gebete aufgerichtet."[140] Welche Gebete müssen es wohl sein, die Menschen sprechen, die die Religion für das Opium des Volkes halten? Wir haben schon gesehen, wie der Begründer des wissenschaftlichen Atheismus vor brennenden Kerzen betete. Jüdische Gebete können ebenso wie christliche Gebete bei satanischen Ritualen zur Gotteslästerung mißbraucht werden.

Hess hat Marx den Sozialismus gelehrt, der fest mit dem Internationalismus verbunden ist. Marx schreibt in seinem *Kommunistischen Manifest*, daß das Proletariat kein Vaterland besitze. In seinem *Roten Katechismus* verspottet Hess die Vaterlandsvorstellung der Deutschen. Er hätte dasselbe mit dem Vaterlandsbegriff jeder anderen europäischen Nation getan. Er kritisierte das Erfurter Programm der deutschen sozialdemokratischen Partei wegen der darin enthaltenen bedingungslosen Anerkennung des nationalen Grundsatzes. Aber Hess ist ein seltsamer Internationalist. Der jüdische Patriotismus muß bleiben. Er schreibt: „Wer immer den jüdischen Nationalismus ablehnt, ist nicht nur ein Verräter seines Volkes und seiner Angehörigen. Sollte es sich erweisen, daß die Emanzipation der Juden nicht mit dem jüdischen Nationalismus vereinbar ist, dann müssen die Juden die Emanzipation opfern ..." – „Jeder Jude muß an erster Stelle jüdischer Patriot sein ..."[141]

Ich stimme diesem patriotischen Gedanken von Hess zu, denn was dem einen recht ist, ist auch dem anderen billig. Ich bin für jeden Patriotismus, für den der Juden, Araber, Deutschen, Franzosen und Amerikaner. Patriotismus ist eine Tugend, solange er danach strebt, in wirtschaftlicher, geistiger und religiöser Hinsicht das Wohl des eigenen Volkes zu fördern, vorausgesetzt, daß dies in Freundschaft und Zusammenarbeit mit anderen Nationen geschieht.

Aber der jüdische Patriotismus eines revolutionären Sozialisten, der allen anderen Nationen den Patriotismus verweigert, ist höchst verdächtig. Er erscheint mir eher als ein teuflischer Plan, die Völker zum Judenhaß anzustacheln. Wäre ich ein Nichtjude und bemerkte, daß die Juden Hess' Vorstellung eines einseitigen Patriotismus annehmen würden, würde ich mich auch gegen sie stellen. Zum Glück haben noch keine Juden diesen satanischen Plan übernommen.

Tatsächlich war es Herzl, der den Zionismus in gesunde Bahnen lenkte. In seiner heutigen Form ist vom Satanismus keine Spur mehr enthalten.

Der Rassenkampf, wie Hess ihn darstellt, ist falsch, ebenso falsch wie der Klassenkampf, den er verbreitet.

Hess gab den Sozialismus nicht zugunsten dieser Art von Zionismus auf. Nachdem er *„Rom und Jerusalem"* verfaßt hatte, war er weiter in der sozialistischen Bewegung tätig.

Hess formuliert seine Gedanken nicht eindeutig; sie sind daher schwer einzuschätzen. Es genügt zu wissen, daß in seinen Augen „die christliche Welt Jesus für einen jüdischen Heiligen hält, der Nichtjude wurde".[142] Es genügt uns, bei ihm zu lesen: „Wir sehnen uns heute nach einer viel umfassenderen Erlösung, als sie das Christentum uns bietet."[143] Vielleicht erinnern wir uns daran, daß im *„Roten Katechismus"* diese viel umfassendere Erlösung die soziale Revolution ist.

Wir könnten hinzufügen, daß Hess nicht nur die Ursprungsquelle des Marxismus und der Mann war, der versuchte, einen Anti-Gott-Zionismus zu gründen, sondern auch der Vorläufer der Befreiungstheologie, die heute im Weltkirchenrat vertreten ist, und der neuen Tendenzen im Katholizismus, die von einer „Erlösung heute" sprechen. Ein und derselbe fast unbekannte Mann war das Sprachrohr dreier satanischer Bewegungen: des Kommunismus, einer rassistischen, haßerfüllten Form des Zionismus und der Theologie der Befreiung.

Niemand kann Christ sein, ohne die Juden zu lieben. Jesus, die Jungfrau Maria und alle Apostel waren Juden. Unsere Bibel ist jüdisch. Der Herr hat gesagt: „Das Heil kommt von den Juden." (Joh. 4,22) Dagegen erhebt Hess die Juden in einer Art, als wolle er absichtlich eine gewalttätige, antijüdische Reaktion hervorrufen. Er behauptet, seine Religion sei die einer sozialistischen Revolution. Die Geistlichen aller „anderen" Religionen seien Betrüger. Nur von der Revolution als Religion hatte Hess eine hohe Meinung. Er schreibt: „Unsere Religion (die jüdische) hat die Begeisterung einer Rasse zum Ausgangspunkt, die vom ersten Auftritt auf der Geschichtsbühne an das endgültige Ziel der Menschheit voraussah und die eine Vorahnung der messianischen Zeit hatte, in der der Geist der Humanität erfüllt wird, nicht nur in diesem oder jenem Individuum oder auch nur teilweise, sondern in den sozialen Einrichtungen der ganzen Menschheit."[144] Eine Zeit, die Hess als messianisch bezeichnet, ist die Zeit des Sieges der sozialistischen Weltrevolution.[145] Der Gedanke, daß die jüdische

Religion die Vorstellung einer gottlosen, sozialistischen Revolution zum Ausgangspunkt habe, ist ein häßlicher Witz und eine Beleidigung des jüdischen Volkes.

Aber er glaubt nicht an Gott. Er schreibt: „Unser Gott ist nichts weiter als die menschliche Rasse, die in Liebe vereint ist."[146] Der Weg dahin ist die sozialistische Revolution, bei der Zehntausende dieser geliebten Menschheit gequält und getötet werden. Er macht kein Hehl daraus, daß er weder die Vorherrschaft des Himmels noch die einer irdischen Macht wünscht, denn er erklärt beide für tyrannisch. Keine Religion sei gut, mit Ausnahme der Religion der sozialen Revolution. „Es ist nutz- und fruchtlos, den Menschen die wahre Freiheit zu geben und sie an den guten Dingen der Existenz zu beteiligen, ohne sie von der geistlichen Sklaverei, der Religion, zu befreien."[147] Er spricht in einem Atemzug vom „Absolutismus der himmlischen und irdischen Tyrannen über Sklaven".

Die satanischen Tiefen des Kommunismus sind nur verständlich, wenn man weiß, was für ein Mann Moses Hess war, denn er beeinflußte Marx und Engels, mit denen zusammen er die Erste Internationale gründete, und ebenso Bakunin, der sich ihnen später anschloß.

Ohne Wissen über Hess ist Marx nicht verständlich, denn es war Hess, der Marx zum Sozialismus brachte.

Wir wollen uns an Marx' Epigramm über Hegel erinnern: „Ich lehre Worte, die in einem teuflischen Wirrwarr vermischt sind.

So mag nun jeder denken, was er will."

Marx schrieb so. Hess' Schriften sind ein noch viel teuflischeres Durcheinander, in denen man sich nur schlecht zurechtfindet, die wir aber auf eventuelle Verbindungen zwischen Marx und dem Satanismus untersuchen müssen.

Hess' erstes Buch trug den Titel „Die heilige Geschichte der Menschheit". Er behauptete, daß es „ein Werk des Heiligen Geistes der Wahrheit"[148] sei; er sagte weiter, wie der Sohn Gottes die Menschen aus ihrer Sklaverei befreite, würde Hess sie auch von der politischen Leibeigenschaft befreien. „Ich bin gerufen, für das Licht zu zeugen, wie Johannes der Täufer.“[149]

Damals stand Marx dem Sozialismus noch ablehnend gegenüber, und er hatte auch Hess noch nicht persönlich kennengelernt. Er begann sogar ein Buch gegen ihn. Aus unerklärlichen Gründen wurde dieses Buch nie zu Ende geschrieben. Später wurde er Hess' Schüler.[150]

Wir erwähnten schon, daß er schwor, der mittelalterlichen Religion den Todesstoß zu versetzen und Verwüstung anzurichten. In der Einleitung zu seinem Buch *„Das Letzte Gericht“* äußert er sich befriedigt darüber, daß der deutsche Philosoph Kant „den alten Vater Jehova samt der ganzen Heiligen Familie geköpft hat“.[151] (Hess verschleiert seine eigenen Vorstellungen mit dem Namen des großen Philosophen. Kant hatte keine derartigen Absichten. Er schrieb das Gegenteil: „Ich mußte das Wissen einschränken, um dem Glauben Platz zu machen.“[152])

Hess erklärte sowohl die jüdische als auch die christliche Religion für tot[152], was ihn aber nicht davon abhielt, in seinem Buch *„Rom und Jerusalem“* über „unsere heiligen Schriften“ die „heilige Sprache unserer Väter“, „unseren Kult“, „die göttlichen Gesetze“, „die Wege der Vorsehung“ und „göttliches Leben“[154] zu schreiben.

Er vertrat seine unterschiedlichen Meinungen keineswegs nur in verschiedenen Lebensabschnitten – in seinem pseudozionistischen Buch erklärt er, daß er seine früheren, gottlosen Bemühungen nicht verleugne. Es ist ein beabsichtigtes „teuflisches Durcheinander“.[155]

Hess war Jude und ein Vorläufer des Zionismus. Da Hess, Marx und andere derartige Leute jüdischer Abstammung waren, hält man den Kommunismus oft für eine jüdische Verschwörung. Man vergißt dabei, daß Marx ein antijüdisches Buch geschrieben hat. Auch darin folgte er Hess. Dieser „Zionist“, der das Judentum in den

Himmel hob, schrieb in *„Über das Geldsystem“*: „Die Juden, die in der Naturgeschichte des sozialen Tieres die Rolle hatten, die Menschheit in wilde Tiere zu verwandeln, haben diese ihre professionelle Aufgabe erfüllt. Das Geheimnis des Juden- und Christentums wurde in dem modernen Judäo-Christen enthüllt. Das Geheimnis des Blutes Christi erscheint hier, ebenso wie das Geheimnis der alten jüdischen Blutsverehrung, unverhüllt als das Geheimnis des Raubtieres.“[156]

Es ist nicht tragisch, wenn Sie diese Worte nicht richtig begreifen. Sie wurden in einem „teuflischen Durcheinander“ geschrieben, aber der Haß gegen das Jüdische ist klar daraus zu erkennen. Hess ist sowohl jüdischer als auch antijüdischer Rassist, je nach Bedarf des Geistes, den er „heilig“ nennt und der seine Werke beeinflußte.

Hitler hätte seinen Rassismus von Hess lernen können. Er, der Marx gelehrt hatte, daß der entscheidende Faktor die Zugehörigkeit zu einer sozialen Klasse sei, schrieb auch das Gegenteil. „Das Leben ist ein unmittelbares Ergebnis der Rasse.“[157] Soziale Einrichtungen und Vorstellungen sind ebenso wie die Religion typische, ursprüngliche Schöpfungen der Rasse. Das Rassenproblem liegt hinter allen Problemen der Nationalität und Freiheit verborgen. Die ganze Vergangenheit war ein einziger Kampf unter den Klassen und Rassen. Der Rassenkampf ist vorrangig, der Klassenkampf zweitrangig.[158]

Wie will Hess alle seine vielen widersprüchlichen Vorstellungen zum Erfolg bringen? „Ich werde gegen alle Bürger das Schwert ziehen, die sich den Bemühungen des Proletariats widersetzen.“[159] Dasselbe hören wir von Marx: „Gewalt ist die Hebamme, die die neue Gesellschaft aus dem Schoß der alten herausnimmt.“[160]

Marx’ erster Lehrer war der Philosoph Hegel. Er bereitete den Weg für Hess. Von Hegel hatte Marx auch Gift geleckt. Für diesen Denker war das Christentum im Vergleich zum alles überragenden Griechentum armselig. Er schrieb: „Der Christ hat der leidenden Menschheit zum Besten von allen Enden und Orten her einen solchen Haufen von Trostgründen, im Unglück zu gebrauchen, zusammengeschafft, daß es einem am Ende leid tun könnte, nicht alle Tage einen Vater oder Mutter zu verlieren ... Es möchte sehr interessant sein, den Glauben der Griechen damit zu vergleichen. ... Bei ihnen war Unglück Unglück, Schmerz war Schmerz, ..."[161] Das Christentum wurde in Deutschland auch schon vor Hegel verspottet, aber er war der erste, der auch Jesus verspottete.

Wir sind das Ergebnis unserer Nahrung. Marx nährte sich von satanischen Vorstellungen; daher verbreitete er auch die satanische Lehre.

Die Organisation „Hölle"

Kommunisten haben die Gewohnheit, Frontorganisationen zu gründen. Alles, was wir bisher ermittelten, weist auf die Möglichkeit hin, daß kommunistische Bewegungen selbst Frontorganisationen für den okkultischen Satanismus sind. Das würde auch erklären, weshalb sich politische, wirtschaftliche, kulturelle und militärische Waffen, die gegen den Kommunismus eingesetzt worden sind, als wirkungslos erwiesen. Die Mittel, den Satanismus zu bekämpfen, sind geistiger, nicht körperlicher Art. Sonst kommt es dazu, daß zwar eine satanische Frontorganisation wie der Nazismus bezwungen wird, dafür aber eine andere einen noch größeren Sieg erringt.

Himmler, der Innenminister des nationalsozialistischen Deutschland, betrachtete sich als Reinkarnation von König Heinrich dem Vogler. Er hielt es für möglich, okkultische Kräfte in den Dienst der nazistischen Armee einzuspannen. Mehrere Naziführer hatten mit Schwarzer Magie zu tun. Was bei der Veröffentlichung der ersten Ausgabe des vorliegenden Buches nur eine Vermutung war, ist nun eine nachgewiesene Tatsache. Der Beweis wurde von den Kommunisten selbst geliefert.

Den Anfang dieser Geschichte bildet der Fall Netschajew, der Dostojewski dazu anregte, seinen berühmten Roman „Die Dämonen" zu schreiben.

Netschajew, der von Bakunin[161], dem Partner von Marx bei der Gründung der Ersten Internationalen, ein „hervorragender junger Fanatiker"[162] genannt wurde, schrieb „Der Revolutionäre Katechismus" als Handbuch für die russische Organisation „Volkswille". Es erschien um 1870.

Der Zweck dieser Organisation wurde wie folgt beschrieben: „Unsere Aufgabe ist die furchtbare, totale, universale und erbarmungslose Zerstörung ... Wir müssen uns mit den abenteuerlustigen Stämmmen von Briganten verbünden, die die einzig wahren Revolutionäre Rußlands sind."[163]

Der erste Mann, der von der Netschajew-Gruppe umgebracht wurde, war einer ihrer Gründungsgenossen, Iwanow, der es gewagt hatte, seine Anführer zu kritisieren. Kritik wurde nicht geduldet.

Der Plan Netschajews bestand darin, die Menschheit in zwei ungleiche Teile zu spalten. „Ein Zehntel erhält die persönliche Freiheit und unbeschränkte Gewalt über die anderen neun Zehntel. Diese müssen ihre Persönlichkeit verlieren und zu einer Art Herde werden."[164]

„Bei ihm spioniert jedes Mitglied der Gesellschaft den anderen nach, und es ist seine Pflicht, sie anzuzeigen ... Alle sind Sklaven, und in ihrer Sklaverei gleich."[165]

Netschajew schrieb in seinem *„Katechismus"*: „Ein Revolutionär muß alles infiltrieren, die oberen und unteren Klassen ... die Kirchen ... die Literatur."

Sein Schüler Peter Verhovensky ließ verlauten: „Wir sind bereits furchtbar mächtig ... Die Geschworenen, die Verbrecher freisprechen, sind unser. Der Staatsanwalt, der davor zittert, vor Gericht nicht als liberal genug zu gelten, ist unser. Verwaltungsbeamte, Schreiber, ... wir sind viele, sehr viele, und sie wissen nicht, daß sie zu uns gehören."[166]

Auf der Grundlage dieses Programms wurde eine Organisation mit einem eindrucksvollen Namen gegründet: „Revolutionäre Weltliga". Ihre Satzung wurde von Netschajew und Bakunin, dem engen Mitstreiter von Marx, unterzeichnet.[167] Am Anfang bestand sie nur aus einer Handvoll Leute.

Der Revolutionärsgraf Peter Dolgorukow schrieb am 31. Oktober 1862: „In London traf ich Kelsiew (dieser gehörte zur obengenannten Organisation), einen engstirnigen, aber guten Mann, furchtbar fanatisch und mit dem Gesicht eines sanftmütigen Menschen. Kelsiew sagte mit sanftem, wohlwollendem Ausdruck zu mir: ‚Wenn wir morden müssen, warum nicht morden, vorausgesetzt, daß es nützlich ist? ... Alle diese Leute in London reden ständig von ‚niederbrennen, morden, in Stücke schneiden'. Diese Worte sind stets in ihrem Munde seit Bakunin nach England kam ..."

Im Jahre 1869 schrieb Netschajew in Genf eine Proklamation, in der er mit Bezug auf den Mann, welcher Kaiser Alexander II. erschoß, erklärt: „Wir müssen die Tat Karakazows als Vorspiel betrachten. Das ist nur der Prolog. Meine Freunde, laßt uns so handeln, daß das Stück bald beginnen kann."[168]

Aus einer anderen Proklamation: „Bald, bald kommt der Tag, an dem wir die große Fahne der Zukunft entfalten werden, die rote Fahne, und an dem wir mit großem Lärm den kaiserlichen Palast angreifen werden ..."

„Wir werden nur einen Ruf haben: ‚Zu den Äxten!', und dann werden wir die Parteigänger des Kaisers töten. Seid unbarmherzig ... Tötet auf öffentlichen Plätzen, wenn diese niederen Schurken es wagen, sie zu betreten, tötet in den Häusern, tötet in den Dörfern."

„Denkt daran: wer nicht mit uns ist, der ist gegen uns. Wer gegen uns ist, ist unser Feind. Und wir müssen

Feinde mit allen Mitteln zerstören."[169]

Im Jahre 1872 wurde eine revolutionäre Gesellschaft unter dem einfachen Namen „Die Organisation" gegründet, deren höchstgeheimer Kern den schaurigen Namen „Hölle" hatte. Obwohl diese Organisation ihre Ziele bereits gut über ein Jahrhundert verfolgt, blieb ihre Existenz der Außenwelt verborgen.

Erst im Jahre 1965 – 93 Jahre nach der Gründung – wagten sowjetische Historiker, über die Aktivitäten dieses Kreises „Hölle", welcher der Vorläufer der Kommunistischen Partei Rußlands war, zu schreiben.

E. S. Vilenskaja schrieb in *„Revolutionärer Untergrund in Rußland"*: „‚Hölle' hieß die Kerngruppe über der Geheimorganisation, die nicht nur Terroraktionen gegen die Monarchie durchführte, sondern auch Straffunktionen gegenüber den Mitgliedern der Geheimorganisation ausübte."[170]

In *„Tchernishevsky or Netchaiev"*[171] ist zu lesen, daß eines der Mitglieder (Fediseew) der „Hölle" es übernahm, seinen eigenen Vater zu vergiften, um der Organisation seinen Nachlaß zu verschaffen.

Tschernitschewsky, der zu dieser Bewegung gehörte, schrieb: „Ich werde mich an der Revolution beteiligen; ich scheue nicht den Schmutz, die Trunkenbolde mit Knüppeln, das Gemetzel. Wir machen uns nichts daraus, wenn wir dreimal soviel Blut vergießen müssen wie die Rebellen der Französischen Revolution. Was wäre daran schlimm, wenn wir hunderttausend Bauern töten müßten?"

Hier einige der ausdrücklichen Ziele dieser satanischen Organisation: „Mystifizierung ist das beste und fast einzige Mittel, die Menschen zu einer Revolution zu bringen." – „Es reicht aus, ein paar Millionen Menschen zu töten; dann sind die Räder der Revolution geschmiert." – „Unser Ideal ist die furchtbare, totale, universale und unbarmherzige Zerstörung."

Und endlich: „Die Menschheit muß in zwei ungleiche Teile gespalten werden. Ein Zehntel erhält persönliche

Freiheit und unbeschränkte Gewalt über die anderen neun Zehntel. Die letzteren müssen ihre Persönlichkeit verlieren und zu einer Art Herde werden."[172]

In ihren Schriften taucht ständig der Ausdruck „wir fürchten uns nicht" auf. Ein typisches Beispiel dafür ist die folgende Proklamation: „Wir fürchten uns nicht davor, daß wir entdecken könnten, daß für den Umsturz der bestehenden Ordnung dreimal mehr Blut vergossen werden müßte als die Jakobiner (Französische Revolutionäre) in ihrer Revolution im Jahre 1790 vergießen mußten ... Wenn wir zur Verwirklichung unserer Ziele 100000 Gutsbesitzer niedermetzeln müßten, so würden wir uns auch davor nicht fürchten."[173]

Tatsächlich war die Zahl der Opfer dann viel größer. Churchill schreibt in seinen *„Memoiren des Zweiten Weltkriegs"*, daß Stalin zugegeben hatte, daß über 10000000 Menschen infolge der Kollektivierung der Landwirtschaft in der Sowjetunion starben.

Hervorzuheben ist hier nochmals, daß die Kommunisten jetzt, fast hundert Jahre später, zugegeben haben, daß am Anfang ihrer Bewegung ein Zirkel mit dem Namen „Hölle" stand. Warum „Hölle"? Warum nicht „Gesellschaft zur Verbesserung des Loses der Armen" oder „... der Menschheit"? Weshalb diese Hervorhebung der Hölle?

Heutzutage sind die Kommunisten vorsichtiger. Doch zu Anfang verriet schon ihr bloßer Name, daß es ihr erklärtes Ziel war, Menschen für die ewige Verdammnis zu sammeln.

Orginform

Die sowjetische Geheimpolizei hat eine gigantische Maschinerie zur Zerstörung der Kirchen in der ganzen Welt aufgebaut. Ihr erstes Ziel ist es, die Feindschaft der Kirchen gegenüber dem Kommunismus ganz oder möglichst weitgehend zu reduzieren. Weiterhin suchen sie Verbündete innerhalb der Kirchen, so daß sie das Ansehen der Kirche dazu benutzen können, die Masse der Gläubigen ins Lager der Revolution zu bringen. Diese Abteilung heißt Orginform. Sie hat geheime Zellen in jedem Land, in jeder großen religiösen Organisation. Man kann davon ausgehen, daß antikommunistische Organisationen und Missionen hinter dem Eisernen Vorhang ihre vorrangigen Zielgruppen sind. Auf Propaganda und Provokation spezialisierte kommunistische Agenten unterwandern Kirchen und Missionen, um die ideologische Entwaffnung der Gläubigen voranzutreiben.

Der erste Direktor dieser Abteilung, Wassili Gorelow, war früher ein orthodoxer Priester – ein Apostel wurde zum Judas. Das Hauptquartier befindet sich in Warschau. Ihr Leiter ist Theodor Krasky.

Orginform verfügt über ein Institut in Feodosia zur Ausbildung von Agenten für die lateinamerikanischen Länder und eines in Moskau für Nordamerika. Die Agenten für Großbritannien, Holland, Skandinavien usw. werden in Siguel (Lettland), die für die islamischen Länder in Konstanza (Rumänien) ausgebildet.

In diesen Instituten werden falsche Pastoren, Priester, Imams und Rabbis auf ihre Aufgabe vorbereitet; sie müssen die jeweilige Religion genau kennen. Einige von ihnen dringen als vorgebliche Flüchtlinge in Kirchen oder Missionswerke ein.

Der Jesuit Tondi, ein italienischer Kommunist, erhielt nach dem Besuch der Lenin-Schule in Moskau die Anweisung von der kommunistischen Partei, in einen religiösen Orden einzutreten. Er wurde später Sekretär von Papst Paul VI. Seine wahre Rolle wurde aufgedeckt. Jetzt bekennt er sich öffentlich zum Kommunismus und hat eine Genossin geheiratet. Er ist für die kommunistische Partei immer noch in religiösen Angelegenheiten tätig und behauptet, der Papst habe ihm vergeben.[174]

Die satanische Messe

In *„Michelle Remembers“*[175] („Michelle erinnert sich“) gibt Dr. Lawrence Pazder den genauen Wortlaut einer geheimen satanistischen Messe wieder, den er durch eine Regressionsanalyse von einem Mädchen erfahren hat, das ungefähr zwanzig Jahre zuvor einer solchen Messe beigewohnt hatte. In dieser Messe erscheint Satan und sagt:

„Aus Dunkelheit und rotem Feuer
Kommt ein Mann von den lebenden Toten;
Ich betrete die Erde nur bei Nacht,
Ich verbrenne nur das Licht,
Ich gehe nur dahin, wo alle sich fürchten;
Ich gehe und finde die Abgeirrten.
Die finsteren Mächte sind alle mein ...
Entzünd' ein Licht, Nacht komm herein.“

Der Satan wird offensichtlich durch den Hohenpriester der Sekte personifiziert. Satan nimmt dann eine Bibel in die Hand und sagt weiter:

„Keine Auge sieht, was dieses Buch sagte.
Was im Buche steht ist tot.

Kein Auge sieht, auch nicht ein Freund.
Mein sind die Bücher doch am Ende.
Schreib am Tage, schreib in der Nacht,
Schreiben hat noch nie das Licht gebracht.
Ich werd es versengen, werde es schwärzen.
Ich verbrenne die Worte vom Anfang zum Ende.
Ich verbrenne jede Seite, verschling jedes Wort
Und spucke es aus, daß es nie jemand hört.
Das Feuer wird wachsen, ihre Augen werden sehen.
Das Buch der Worte kann meiner Macht nicht widerstehn.
Sie werden älter, und das Wissen erwacht
Von der Hölle kommt die einzige Macht ...

Matthäus, Markus, Lukas, Johann
Brennen im Feuer, hinweg mit euch dann.
Ihre Worte waren Lügen, werden meine Kinder lernen.
Im Feuer werden ihre Worte sterben.
Das einzige, was wahr noch brennt,
Ist das Licht, in dem ihr mich erkennt...

Ich kehre zurück, ihr sollt warten und sehen.
Ich kehre zurück, um die Welt mir zu nehmen.
Alles Vergangene kommt wieder doch.
Man warf mich hinaus, aber ich brenne noch...

Dreht euch, meine Kinder, her und hin.
Berührt jedes Stück Boden in meinem Sinn.
Jeden, den ihr könnt, rührt an,
Macht ein wildes Tier aus jedermann."

Dann folgt der Gemeindegesang:

„Es ist Zeit zum Übergang von schwarz zu rot.
Es ist Zeit zum Übergang vom Leben zum Tod.
Fürst der Finsternis...
Sei mit uns bei unserm Fest
Daß der Ungeheure gekommen ist."

Nochmals Satan:

„Der Eine Heilige, der Eine so hoch –
Ha, nicht für lange; bald bin ich es doch...
Fallstricke leg ich in allen Ländern, die ihr seht,
Und warte, bis mir alles in die Schlinge geht.
Geld und Zahlen und die Kraft zum Hasse,
Sind die Dinge, auf die ich mich verlasse.
Massen von Menschen – so viele, und klein jeder bloß,
Dann, mit soviel Geld, werden die Kleinen groß."

Im vierten Teil seines Werks *„Also sprach Zarathustra"* liefert Friedrich Nietzsche unter „Erwachen" den Text für eine weitere schwarze Messe, die er selbst verfaßte.

Sie weist keine große Geistesverschiedenheit von der oben zitierten auf.[176]

Tragischerweise hat sich herausgestellt, daß schwarze Messen ins Leben von vielen Amerikanern, insbesondere von Kindern, eingedrungen sind.[177]

„Satan, Satan, Satan. Er ist Gott; er ist Gott; er ist Gott."

Diese gotteslästerlichen Worte sind im Text von Rock-Platten verborgen, die sich Kinder ständig anhören, und viele sind sich nicht einmal darüber bewußt, was ihnen da eingeflößt wird. Die Worte werden durch eine „verdeckte Playback-Methode" im Text untergebracht.

„Wenn die Platte abgespielt wird, empfängt das Unterbewußtsein des Hörers die Botschaft und speichert sie – wie ein Computer. Das Bewußtsein hört einen Text – das Unterbewußtsein einen anderen."

Einige Rockgruppen haben diese Methode verwendet.

Der Bestseller von Led Zeppelin „Stairway to Heaven", der zugegebenermaßen so, wie er vorliegt, wenig Sinn macht, enthält die unterschwellige Botschaft: „Ich werde singen, weil ich mit Satan lebe." Ein anderer Song enthält die Worte: „Ich beschließe, Marihuana zu rauchen." Unterschwellige Überredung ist mächtiger und daher gefährlicher als bewußte Einflußnahme.

Öffentliche schwarze Messen sind heute selten geworden, aber Stefan Zweig beschreibt in seiner Biographie von Fouché eine, die während der Französischen Revolution in Lyon abgehalten wurde.

Ein Revolutionär namens Chalier war getötet worden. Die schwarze Messe wurde zu seinen Ehren gehalten. An jenem Tag wurden die Kruzifixe von allen Altären gerissen und Priestergewänder beschlagnahmt. Eine riesige Menge von Männern, welche eine Büste des Revolutionärs trugen, begab sich zum Marktplatz. Dort waren drei Prokonsuln anwesend, um Chalier, „den Heiland, der für das Volk starb“, zu ehren.

Die Menge führte Kelche, Heiligenbilder und Meßgerät mit sich. Ein Esel mit einer Bischofsmitra auf dem Kopf kam hinterher. An seinen Schwanz hatte man ein Kruzifix und eine Bibel gebunden.

Zum Abschluß wurde das Evangelium zusammen mit den Meß- und Gebetsbüchern und den Ikonen ins Feuer geworfen. Der Esel durfte zur Belohnung für seine gotteslästerlichen Dienste aus einem Kommunionskelch trinken. Die Büste von Chalier wurde anstelle des zertrümmerten Bildes Christi auf einen Altar gestellt.

Dutzende früherer katholischer Priester beteiligten sich an derartigen Vorgängen.

Zum Andenken an dieses Ereignis wurde eine Medaille ausgegeben. Heimliche schwarze Messen gehen nicht in dieser Form vor sich, aber die geistige Grundhaltung ist dieselbe.

Das russische Magazin „Iunii Kommunist“ (Moskau, Dezember 1984) enthält eine detaillierte Beschreibung einer satanistischen Messe, in welcher Brot und Wein mit Kot und Tränen vom Auge eines lebenden Hahns vermischt in den angeblichen Körper und das Blut Luzifers „umgewandelt“ werden.

Bei dieser Zeremonie werden die Texte der Messe von hinten nach vorne gelesen, wie es bei satanistischen Ritualen üblich ist. Dann wird ein feierliches Abkommen zwischen Satan und seinen Anbetern geschlossen. Die Vertragsvereinbarungen lauten wie folgt: Lossagung von der christlichen Lehre; neue Taufe im Namen des Teufels mit einem neuen Namen; Lossagung von den Paten und Annahme neuer Beschützer; Darreichung eines persönlichen Kleidungsstücks als Geschenk für Satan; Treueschwur gegenüber Satan von einem magischen Kreis aus; Eintragung des Namens des neuen Mitgliedes in „Das Buch der Toten“ als Gegensatz zu Christi Buch des Lebens; das Versprechen, seine Kinder dem Teufel zu weihen, sowie Geschenke und Taten ihm zu Gefallen; ein Schwur, die Geheimnisse des Hexensabbats zu wahren und die christliche Religion zu schmähen.

Warum graben die Kommunisten solche Lehren aus alten Büchern über Dämonologie aus und empfehlen sie der Jugend mit der Bemerkung „sie sind gutes Futter für die Gedanken"? Ist dies im wesentlichen alles, was der Marxismus dem menschlichen Geist zu bieten hat?

In dem kommunistischen Magazin heißt es weiter: „In dieser teuflischen Antiwelt, die nach außen genau wie die unsere ist, muß der Mensch mit Bösem auf jeden Erfolg im Leben antworten." Das wird offen als die Parole des satanistischen Lehrers bestätigt: „Satan ist nicht der Feind des Menschen. Er ist Leben, Liebe, Licht."

Der Artikel schließt mit einem Zitat von Uspenskii, das die Hoffnung der Kommunisten ausdrückt: „Es gibt Vorstellungen, die die innersten Winkel unseres Lebens berühren. Wenn sie einmal berührt sind, dann bleiben die Narben für immer ... Sie vergiften das Leben."[178]

Dieses heimtückische Material wird auf subtile Art und Weise als Informationsmaterial dargestellt; das Ziel dabei ist jedoch, die krankhafte Neugier der Leser anzustacheln – mit haarsträubenden Konsequenzen.

In der Zeremonie der dritten Stufe muß man den Eid ablegen: „Ich werde immer nur das tun, was *ich* will."

Mit anderen Worten, es gibt keine Autorität über dem verdorbenen Selbst.

Das ist eine offene Absage an das Gebot Gottes: „Laßt euch nicht von eures Herzens Dünken noch von euren Augen umtreiben und werdet nicht abgöttisch" (4. Mose 15,39).

Die Marxisten appellieren an die niedrigsten Leidenschaften und schüren den Neid auf die Reichen und die Gewalt gegen jedermann. „Es ist die Seite der Bösen, die die Geschichte macht", schrieb Marx, und er spielte eine Hauptrolle in der Gestaltung der Geschichte.

Revolutionen führen nicht zum Erfolg der Liebe. Eher wird das Töten zur Sucht. Nachdem die Kommunisten in der russischen und chinesischen Revolution zig Millionen Unschuldige umgebracht hatten, konnten sie nicht aufhören zu töten. Sie brachten sich auf brutale Weise gegenseitig um.

Ist alles erlaubt?

Der Satanskult ist sehr alt, älter als das Christentum. Vielleicht dachte der Prophet Jesaja an ihn, als er schrieb: „Wir gingen alle in die Irre wie die Schafe; ein jeglicher sah auf seinen Weg; aber der Herr warf unser aller Sünde auf ihn (den Erlöser)“ (Jes. 53,6).

Wahre religiöse Gesinnung ist woanders zu finden. Es gab hassidische Rabbiner, die niemals „ich“ sagten, da sie dies als ein Pronomen ansahen, das nur Gott gehörte.

Wenn jemand in die siebte Stufe des Satanismus eingeführt wird, schwört er, sich zum Grundsatz zu machen: „Nichts ist wahr, und alles ist erlaubt.“ Als Marx einen Fragebogen für seine Tochter ausfüllte, beantwortete er die Frage „Was ist dein Lieblingsgrundsatz?“ mit den Worten: „Bezweifle alles.“[179]

Im *„Kommunistischen Manifest“* schrieb Marx, er habe es sich zum Ziel gesetzt, nicht allein die Religion auszurotten, sondern auch jegliche Moral, so daß alles erlaubt sei.

Ich war entsetzt, als ich 1968 bei den Unruhen in Paris das Geheimnis der siebten Stufe des Satanismus auf einem Plakat an der Universität von Paris entdeckte. Man hatte es auf die Formel gebracht: „Es ist verboten, etwas zu verbieten“, die normale Schlußfolgerung, wenn „nichts wahr und alles erlaubt ist“ . . .

Die Jugend hat die Unsinnigkeit dieser Formel nicht bemerkt. Es ist verboten zu verbieten; es ist also auch verboten, das Verbieten zu verbieten. Wenn alles erlaubt ist, ist auch das Verbieten erlaubt. Die Jugend verwechselt Erlaubtsein mit Freiheit. Die Marxisten wissen es besser. In ihren Augen bedeutet „nichts ist verboten", daß es verboten ist, eine grausame Diktatur nach dem Muster Rotchinas und der Sowjetunion zu verbieten.

Dostojewski hatte es bereits gesagt: „Wenn es keinen Gott gibt, ist alles erlaubt." Wenn es keinen Gott gibt, sind unsere Triebe frei. Die Erfüllung dieser Art von Freiheit ist Haß. Wer in diesem Sinne frei ist, betrachtet Barmherzigkeit als Schwäche des Geistes.

Engels hat gesagt: „Allgemeine Liebe zu den Menschen ist eine Absurdität." Ein Freund von Marx, der anarchistische Denker Max Stirner und Autor von *„Das ich und sein Eigentum"*, schreibt: „Ich bin legitimerweise berechtigt, alles zu tun, was ich vermag."

Der Kommunismus ist kollektive Dämonenbesessenheit. Solschenizyn enthüllt in seinem *„Archipel Gulag"* einen Teil der entsetzlichen Auswirkungen auf die Seele und das Leben des Menschen.

Der Mythos Marx

Ich möchte nochmals darauf hinweisen, daß mir bewußt ist, daß man das von mir bisher zusammengetragene Beweismaterial als Zufälligkeiten betrachten kann. Der Gegenstand sollte von jemand anders noch gründlicher untersucht werden.

Aber was ich hier geschrieben habe, genügt, um zu zeigen, daß das, was Marxisten über Marx sagen, nichts weiter als ein Mythos ist. Er war nicht von der Armut des Proletariats betroffen, für welches die Revolution die einzige Lösung wäre. Er mochte die Proletarier nicht, sondern bezeichnete sie als „Idioten", „dumm", „Dummköpfe", „Schurken", ja er verwendete unzüchtige Attribute (Korrespondenz mit Engels).

Er mochte nicht einmal seine Genossen im Kampf für den Kommunismus. Er nannte Freiligrath „das

Schwein"[180], Lassalle einen „jüdischen Nigger"[181] und Bakunin „eine theoretische Null".[182]

Leutnant Tschechow, ein Kämpfer der Revolution von 1848, der nächtelang mit Marx trank, sagte, daß Marx' Selbstbewunderung alles Gute in ihm verschlungen habe.

Mit Sicherheit liebte Marx auch die Menschheit nicht. Giuseppe Mazzini, der ihn gut kannte, schrieb: „Er hat einen zerstörerischen Geist besessen. Sein Herz war mit Haß und nicht mit Liebe zur Menschheit erfüllt."[183]

Giuseppe Mazzini war ein Karbonari. Diese Organisation, die 1815 von Maghella, einem Freimaurer aus Genua, gegründet wurde, erklärte, daß ihr „Endziel das von Voltaire und der Französischen Revolution ist – die völlige Vernichtung des Katholizismus und letzten Endes des Christentums". Sie begann als italienische Bewegung, orientierte sich aber danach in einem weiteren europäischen Rahmen.

Obwohl Mazzini gegenüber Marx kritisch war, hielt er seine Freundschaft mit ihm aufrecht. In der jüdischen Enzyklopädie steht geschrieben, daß Mazzini und Marx mit der Aufgabe betraut waren, die Ansprache und Satzung der Ersten Internationalen vorzubereiten. Dies bedeutet, daß Marx und Mazzini vom gleichen Schlag waren, obwohl sie sich manchmal gegenseitig attakkierten.

Ich kenne keine anderslautenden Aussagen von Marx' Zeitgenossen. Marx, der liebende Mensch, ist ein Mythos, der erst nach seinem Tod aufgebaut wurde.

Tatsächlich war sein Lieblingsspruch das folgende Zitat von G. Werth: „Es gibt nichts Schöneres auf der Welt, als seine Feinde zu beißen." Er selbst sagte geradeheraus: „Wir sind unbarmherzig. Wir bitten nicht um Erbarmen. Wenn unsere Zeit kommt, werden wir den Terrorismus nicht meiden." Das sind wohl schwerlich die Gefühle eines Menschen der Liebe.

Marx haßte auch nicht die Religion, weil sie dem Glück der Menschheit im Wege stand, sondern er wollte die Menschheit hier und für alle Ewigkeit unglücklich machen. Das verkündete er als sein Ideal. Sein erklärtes Ziel war die Zerstörung der Religion. Der Sozialismus, die Sorge um das Proletariat und der Humanismus waren nur Vorwände.

Als Marx Charles Darwins *„Die Entstehung der Arten"* gelesen hatte, schrieb er am 16. Januar 1861 einen Brief an Ferdinand Lassalle, in dem er triumphierte, Gott sei – zumindest in der Naturwissenschaft – der „Todesstoß" versetzt worden.[184] Welches war nun Marx' Hauptanliegen? War es die Sache des armen Proletariats? Wenn ja, welchen Wert besaß dann Darwins Theorie? Die einzig haltbare Folgerung ist, daß die Ausrottung der Religion sein Hauptziel war.

Das Wohl der Arbeiter war nur ein Vorwand. Wo Proletarier nicht für ihre Ideale kämpfen, werden Marxisten die Rassen- oder Generationsprobleme voll ausnützen. Hauptsache ist, die Religion zu vernichten.

Marx glaubte an die Hölle, und sein Plan – aus dem er seine Triebkraft bezog – bestand darin, die Menschen in die Hölle zu ziehen.

Robin Goodfellow

Die Dokumente, die Marx' Verbindung zu einer satanistischen Sekte nachweisen, häufen sich immer mehr. Marx schrieb: „An den Zeichen, die die Mittelklasse, die Aristokratie und die Propheten des Rückschritts verwirren, erkennen wir unseren tapferen Freund, Robin Goodfellow, den alten Maulwurf, der so schnell in der Erde arbeiten kann – die Revolution."[185]

Die Gelehrten, die dies gelesen haben, haben sich anscheinend nie über die Identität dieses Robin Goodfellow, des tapferen Freundes von Marx, der für die Revolution arbeitet, Gedanken gemacht.

Der Evangelist des 16. Jahrhunderts William Tyndale

verwendet Robin Goodfellow als Namen für den Teufel.[186] Shakespeare nennt ihn in seinem *„Ein Sommernachtstraum"* den „Poltergeist, der bei Nacht den Wanderer irreführt und noch verlacht".[187]

So war also nach Marx, der als der Vater des Kommunismus betrachtet wird, ein Dämon der Urheber der kommunistischen Revolution und sein persönlicher Freund.

In Argentinien entführten kommunistische Terroristen Industrielle, verlangten Lösegeld und erhielten so Millionen. Das Geld wurde in kapitalistischen Banken durch einen gewissen Graiver vervielfacht, der auch arme Leute dazu brachte, ihm ihr Erspartes anzuvertrauen. Mit den Gewinnen finanzierte er Terroristen. Dann machte er bankrott und ruinierte dabei die Armen. Ehemalige Präsidenten und führende Zeitungsleute waren dabei seine Komplizen, darunter ein Mann, der den Namen Satanowsky angenommen hatte.

Wir sollten uns an dieser Stelle daran erinnern, daß Stalin unter den Pseudonymen „Sohn des Teufels" und „Sohn des Dämonen" zu schreiben begann.

Lenins Grab

In der Offenbarung des Johannes sagte Jesus zu der Gemeinde in Pergamon, einer Stadt in Kleinasien, ein geheimnisvolles Wort: „Ich weiß, wo du wohnst, da des Satans Thron ist" (Offenb. 2,13). Pergamon muß zu der Zeit eine Hochburg des Satanskults gewesen sein. Im Baedeker steht, daß sich im Inselmuseum in Berlin bis 1944 ein Pergamonaltar befand. Deutsche Archäologen hatten ihn ausgegraben. Er befand sich unter der satanischen Herrschaft Hitlers im Zentrum der Nazihauptstadt.

Aber damit ist die Geschichte vom Sitz des Teufels noch nicht zu Ende. Im *„Svenska Dagbladet"*, Stockholm, vom 27. Januar 1948 steht:

1. Daß die sowjetische Armee nach der Eroberung Berlins den Pergamonaltar von Deutschland nach Moskau brachte.

Dieses imposante Gebilde ist ca. 39 m lang, 36,5 m breit und 12 m hoch.

Seltsamerweise wurde er jedoch in keinem sowjetischen Museum ausgestellt. Wozu wurde er dann nach Moskau gebracht? Ich erwähnte schon früher, daß hohe Spitzenfunktionäre der sowjetischen Hierarchie satanische Riten zelebrierten. Haben sie vielleicht den Altar aus Pergamon für private Zwecke reserviert? Es gibt so viele ungeklärte Fragen. Aber so wertvolle historische Stücke verschwinden gewöhnlich nicht einfach, sondern sind der Stolz von Museen.

2. Daß der Architekt Stjusew, der das Leninmausoleum baute, den Pergamonaltar beim Bau des Grabmals 1924 zum Vorbild nahm.[188] Stjusew erhielt damals die notwendigen Informationen von Frederik Poulsen, einer Autorität in archäologischen Kreisen.

Tausende von Sowjetbürgern stehen jeden Tag Schlange, um das Heiligtum des Satans zu besichtigen, in dem Lenins Mumie liegt. Kirchenführer aus der ganzen Welt erweisen dem „Schutzheiligen" der Sowjets in diesem Wahrzeichen des Teufels die Ehre. Es vergeht kein Tag, an dem nicht Blumen dorthin gebracht werden, während die christlichen Kirchen auf demselben Roten Platz dagegen vor langer Zeit in Museen umfunktioniert wurden.

Der Satan herrscht deutlich sichtbar in der Sowjetunion.

Der Satanstempel in Pergamon war einer von vielen seiner Art. Weshalb hat Jesus gerade ihn genannt? Wahrscheinlich nicht wegen seiner damaligen untergeordneten Bedeutung, sondern weil seine Worte prophetisch waren. Er sprach vom Nazismus und Kommunismus, die beide diesen Altar verehren würden.

Dies ist die Geschichte von Lenins Grab; ironischerweise steht auf dem Grab seines Vaters die Inschrift „Christi Licht erleuchtet alle“ mit einer Vielzahl von Bibelversen.

Aufruf zum Handeln

Das vorliegende Buch stellt lediglich eine Sondierung des Themas dar.

Wie alle Gelehrten erliegen auch christliche Denker oft der Versuchung, vorgefaßte Meinungen beweisen zu wollen. Sie schreiben manchmal mehr als das, was sie genau wissen. Sie neigen manchmal dazu, die Wahrheit zu dehnen oder in ihren Argumenten zu übertreiben, um ihre Ansicht zu beweisen.

Ich behaupte nicht, den unumstößlichen Beweis dafür erbracht zu haben, daß Marx einer Teufelsanbetersekte angehörte, aber ich glaube, daß es genug Anhaltspunkte dafür gibt. Es fehlt zweifellos nicht an genügend Hinweisen, daß sein Leben und seine Lehre von satanischen Einflüssen gekennzeichnet sind, aber ich muß auch zugeben, daß es Lücken in der Gedankenkette gibt, die einen endgültigen Schluß in dieser Sache nicht zulassen. Ich habe hier einen Anstoß gegeben und möchte es anderen überlassen, dieser wichtigen Frage der Verbindung zwischen Marxismus und Satanismus weiter nachzugehen.

Wie aber kann die Kirche inzwischen dem Marxismus begegnen?

Die nichtkirchliche antikommunistische Welt kann die Waffen Wirtschaftssanktionen, politischen Druck, militärische Drohungen und breitangelegte Propaganda anwenden. Die Kirche sollte sicherlich jede mit dem Gewissen vereinbare Maßnahme im Kampf gegen die Feinde Gottes unterstützen. Aber sie verfügt auch über ihre eigenen Waffen.

Der ukrainische Metropolit des byzantinischen Zweiges der katholischen Kirche, Andrej Graf Scheptytsky, forderte, daß Rom Austreibungsgebete gegen die Kommunisten anordnen solle, deren „Regime nur durch eine massive Teufelsbesessenheit erklärt werden kann".

Jesus forderte seine Jünger nicht auf, sich über Dämonen zu beklagen, sondern sie auszutreiben (Matth. 10,8). Ich glaube, daß dies wirksam durchgeführt werden kann. Dieses Buch ist jedoch nicht der geeignete Rahmen für die ausführliche Behandlung solcher Gebete.

4. Reaktionen der Leser

Die ersten Ausgaben dieses Buches brachten interessante Reaktionen. Viele begrüßten es als neuen Beitrag zum Verständnis des Marxismus und gaben mir wertvolle Hinweise auf neues Material.

Eine Persönlichkeit des religiösen Lebens in Holland widmete mehrere Spalten ihrer theologischen Zeitschrift der Bagatellisierung meiner Ergebnisse.

Es heißt dort: „Marx mag vielleicht an Schwarzer Magie teilgenommen haben, aber das hat nicht viel zu sagen. Alle Menschen sind Sünder, und alle haben böse Gedanken. Das braucht uns nicht zu beunruhigen."

Es stimmt zwar, daß alle Menschen Sünder sind, nicht alle aber sind Verbrecher. Alle Menschen sind Sünder, aber manche sind Mörder, und manche sind gerechte Richter, die diese zu verurteilen haben. Die Verbrechen des Kommunismus sind damit nicht vergleichbar. Welches andere politische System hat je sechzig Millionen Menschen in einem halben Jahrhundert umgebracht, wie die Sowjets?[189] Weitere sechzig Millionen wurden in Rotchina umgebracht – einige Schätzungen liegen noch viel höher.

Es gibt verschiedene Grade der Sündhaftigkeit und Kriminalität. Das Ausmaß des Verbrechens ist ein Gradmesser des satanischen Einflusses auf den Begründer des modernen Kommunismus. Die Sünden des Marxismus übersteigen ebenso wie die des Nazismus das gewöhnliche Maß. Sie sind in der Tat satanisch.

Ich erhielt auch Briefe von Satanisten, die ihre Religion in Schutz nahmen. Einer schrieb: „Zur Verteidigung des Satanismus ist nur die Bibel nötig. Denken Sie doch an die vielen tausend Menschen, die – wohlgemerkt – nach Gottes eigenem Bild geschaffen und dann von

Feuer und Schwefel (Sodom und Gomorrha) vernichtet wurden, an die todbringende Mischung von Plagen und, was dem Ganzen noch die Krone aufsetzt, an das Ertränken der Erdbevölkerung mit Ausnahme Noahs und seiner Familie. Alle diese Verwüstungen verursachte ein ‚gnädiger' Gott, Herr Jehova. Was hätte ein gnadenloser Gott denn mehr tun können?

Aber in der ganzen Bibel steht nichts von auch nur einem einzigen Tod, den Satan verschuldet hat!!! Also laßt uns das Wort um Satan willen hören."

Dieser Satanist hat die Bibel nicht genau gelesen. Der Tod kam durch die Arglist Satans in die Welt, als er Eva zur Sünde verführte. Dieser Satanist hat auch seinen Schluß zu früh gezogen. Gott ist mit seiner Schöpfung noch nicht am Ende.

Jedes Gemälde ist am Anfang sinnlos, ein häßliches Gemisch aus verschiedenfarbigen Linien und Punkten. Leonardo da Vinci brauchte zwanzig Jahre, um daraus seine Mona Lisa zu malen. Gott erschafft auch im Laufe der Zeit. Er formt Wesen und zerstört sie wieder, um ihnen neue Formen zu geben. Der Same, der weder Schönheit noch Duft besitzt, stirbt als Same, um eine schöne, duftende Blume zu werden. Raupen müssen als solche sterben, um herrliche Schmetterlinge zu werden. Gott läßt es zu, daß Menschen durch das läuternde Feuer des Leidens und des Todes gehen. Das Endstadium der Schöpfung wird ein neuer Himmel und eine neue Erde sein, in denen Gerechtigkeit herrscht.

Dann werden die Anhänger Satans eine Ewigkeit der Reue leiden müssen.

Jesus erduldete Schläge und Kreuzigung. Wer jedoch Gott kennenlernen will, muß über das Grab Jesu hinaus auf die Auferstehung und Himmelfahrt blicken. Im Gegensatz dazu führten die Feinde Jesu, die seinen Tod im Schilde führten, ihr Volk und ihren Tempel in die Zerstörung und verloren ihre Seelen.

Unser Kritiker wollte Gott mit dem Verstand begreifen, der ist für ein Geschöpf aber nicht das richtige Instrument. Gott kann nur mit einem gläubigen Herzen erfaßt werden.

Ein Jamaikaner stellte die Frage, ob Amerika, das sein Land ausbeute, nicht ebenso satanisch sei wie Marx.

Das ist es nicht. Die Amerikaner sind Sünder wie alle Menschen.

In Amerika gibt es eine kleine Gruppe von Teufelsanbetern. Doch die amerikanische Nation als solche dient nicht dem Teufel.

In *„Nauka I Religia"*, dem wichtigsten atheistischen Magazin von Moskau, ist ein langer Artikel von zwei Philosophen enthalten. Sie schreiben: „Die größten Footballspieler könnten Wurmbrand um sein Temperament beneiden. Sein Geschrei ist wüst. Dieser Kämpfer ruft nach einem Kreuzzug gegen den Sozialismus, den er eine Ausgeburt Satans nennt. Er war in Rumänien im Gefängnis, weil er religiöse Schriften verteilt hatte, die zum Aufstand gegen die Regierung aufriefen!"[190]

Zu diesem Artikel sind zwei Dinge zu bemerken: Erstens, daß ich für mein Buch *„War Karl Marx ein Satanist?"* ein „teuflischer Pastor" genannt werde, obwohl die Verfasser nicht eine einzige Tatsache zur Widerlegung der Dokumentation vorlegen konnten, die auf die Verbindung von Marx zu einer satanistischen Sekte hinweist. Zweitens werden in diesem Artikel christliche Persönlichkeiten, sogar Antikommunisten, gelobt, die gegen mich Stellung bezogen haben. Sie mögen selbst Gegner des Kommunismus sein, aber solange sie sich gegen Wurmbrand stellen, finden sie in Moskau Anerkennung.

Einen bemerkenswerten Brief erhielt ich von einem Nigerianer, der 20 Jahre lang Gewerkschaftsführer gewesen war. Meine Schriften verhalfen ihm zu der Einsicht, daß er von Satan fehlgeleitet worden war. Er ist Christ geworden.

An alle Marxisten

Nun wende ich mich an die einfachen Marxisten:

Ihr seid nicht von dem Geist angetrieben, der Hess, Marx und Engels lenkte. Ihr liebt die Menschheit wirklich; ihr achtet sie und glaubt fest daran, daß ihr zu einer Armee gehört, die für das umfassende Gute kämpft. Ihr wollt nicht das Werkzeug einer üblen satanistischen Sekte sein. Für euch mag dieses Buch von Nutzen sein.

Der satanische Marxismus verbreitet eine materialistische Philosophie, die seine Anhänger gegenüber geistlichen Realitäten blind macht. Es gibt mehr als Materie. Es existiert eine Welt des Geistes, der Wahrheit, der Schönheit und der Ideale.

Es gibt aber auch eine Welt böser Geister. Ihr Haupt ist der Satan. Er fiel durch seinen Stolz vom Himmel und zog eine Schar von Engeln mit sich hinab. Dann verführte er die Vorfahren der Menschheit. Seit dem Sündenfall hat er seine Täuschung nicht nur fortgesetzt, sondern sie mit allem möglichen verstärkt, bis es so weit kam, daß die herrliche Schöpfung Gottes von Weltkriegen, blutigen Revolutionen und Gegenrevolutionen, Diktaturen, Ausbeutung und allen Arten des Rassismus, falschen Religionen, Agnostizismus und Atheismus, Verbrechen und Betrug, Treulosigkeit in Liebe und Freundschaft, zerbrochenen Ehen und rebellischen Kindern verwüstet wird.

Die Menschheit hat Gott aus dem Blickfeld verloren. Aber was ist dann in diese Blickfeld gerückt? Ist es etwas Besseres?

Der Mensch braucht ganz einfach die Religion. Es liegt in seiner Natur, jemand oder etwas anzubeten. Gehört er nicht einer gottesfürchtigen Religion an, so ist er Anhänger der Religion Satans und wird immer diejenigen verfolgen, die seinem „Gott“ nicht dienen.

Wahrscheinlich sind oder waren nur wenige Spitzenfunktionäre des Kommunismus bewußt Satanisten, aber es gibt einen unbewußten Satanismus, so wie es auch Menschen gibt, die im Grunde Christen sind, ohne zu wissen, daß ihre Religion die Religion Christi ist. Ein Mensch kann unbewußt Satanist sein, ohne daß er jemals vom Bestehen einer derartigen Religion gehört hat. Er gehört ihr an, wenn er die Vorstellung von einem Gott und den Namen Christi haßt, wenn er so lebt, als sei er nur Materie, und wenn er religiöse und moralische Prinzipien ablehnt.

Diejenigen, die sich mit dem Okkultismus abgeben, gehören zu derselben Kategorie.

In Frankfurt/Main gehen mehr Leute sonntags zu spiritistischen Zusammenkünften, bei denen die Toten angerufen werden, als in den Gottesdienst. Es gibt beispielsweise bekannte satanistische Gemeinden in München und Düsseldorf.[191] In Frankreich, Großbritannien, den USA und anderen Ländern gibt es viele solcher Gemeinden.

In Großbritannien gibt es 35000 praktizierende Hexen. Amerikanische Universitäten und sogar High-Schools bieten Kurse in Hexerei, Astrologie, Wudu-Kult, Zauberei und Parapsychologie an. In Frankreich werden jährlich 40000 schwarze Messen gehalten.

Menschen mögen sich von Gott abwenden. Aber Gott hat sich nie von seinen Geschöpfen abgewandt. Er schickte seinen eingeborenen Sohn Jesus Christus in die Welt. Die menschgewordene Liebe und Barmherzigkeit lebte auf Erden das Leben eines armen jüdischen Kindes, dann das eines einfachen Zimmermanns und schließlich das Leben eines Lehrers der Gerechtigkeit. Der zertretene Mensch kann sich nicht selbst erretten, ebensowenig wie sich ein Ertrinkender selbst aus dem Wasser ziehen kann. So nahm Jesus voller Verständnis für unsere inneren Konflikte all unsere Sünden auf sich, auch die Sünde von Marx und seinen Anhängern, und trug die Strafe für das, was wir getan haben. Er nahm unsere Schuld auf sich, indem er an einem Kreuz auf

Golgatha starb, nachdem er schwerste Demütigungen und Todesqualen erlitten hatte.

Wir haben sein Wort, daß derjenige, der seinen Glauben auf ihn setzt, Vergebung erhält und im ewigen Paradies mit ihm leben wird.

Sogar notorische Marxisten können gerettet werden. Zwei sowjetische Nobelpreisträger – Pasternak und Solschenizyn – haben ihren Glauben an Christus bekannt, nachdem sie die extremen Verbrechen beschrieben hatten, zu denen der satanische Marxismus führt. Swetlana Alliluyewa, die Tochter Stalins, des schlimmsten marxistischen Massenmörders, wurde ebenfalls Christin.

Wir sollten nicht vergessen, daß es Marx' Ideal war, selbst in den Abgrund der Hölle hinabzusteigen und die ganze Menschheit mit sich zu reißen. Wir wollen ihm nicht auf diesem verderblichen Pfad folgen, sondern lieber Christus, der uns zu den Höhen des Lichts, der Weisheit und Liebe, in den Himmel unbeschreiblicher Herrlichkeit führt.

Die große Kluft

Es ist offensichtlich unsinnig, Jesus mit Marx zu vergleichen. Jesus ist nicht größer und auch nicht besser als Marx. Er gehört einer völlig anderen Welt an.

Marx war ein Mensch und wahrscheinlich ein Verehrer des Bösen. Jesus ist Gott, der sich auf die Ebene des Menschen begab, mit dem Willen, ihn zu retten.

Marx wollte ein menschliches Paradies. Als die Sowjets dieses Paradies schaffen wollten, kam es zu einem Inferno.

Das Königreich Jesu ist nicht von dieser Welt. Es ist ein Königreich der Liebe, der Gerechtigkeit und der Wahrheit. Er ruft allen, auch den Marxisten und Satanisten, zu: „Kommet her zu mir alle, die ihr mühselig und beladen seid; ich will euch erquicken" (Matth. 11,28).

Glaubt an ihn, und ihr werdet in seinem himmlischen Paradies ewiges Leben haben.

Es gibt keine Möglichkeit der Verständigung zwischen Christentum und Marxismus, wie es auch keine Verständigung zwischen Gott und dem Teufel geben kann. Jesus kam, um die Werke des Bösen zu zerstören (1. Joh. 3,8). In seiner Nachfolge versuchen Christen, den Marxismus zu zerstören, aber dabei den einzelnen Marxisten zu lieben und ihn für Christus zu gewinnen.

Manche behaupten von sich, Marxist *und* Christ zu sein. Sie sind einem Irrtum verfallen oder versuchen etwas vorzutäuschen. Man kann ebensowenig ein marxistischer Christ sein wie ein teufelverehrender Christ.

Im Laufe der Zeit haben sich die satanischen Ziele des Marxismus kein bißchen geändert.

Der marxistische Philosoph Ernst Bloch schreibt in seinem Buch *„Atheismus im Christentum"*: „Die Verführung des ersten menschlichen Paares durch die Schlange eröffnet den Weg zur Erlösung für den Menschen. So wird der Mensch langsam zum Gott; es ist der Weg der Auflehnung. Die Priesterschaft und die Besitzenden haben diese Wahrheit unterdrückt. Die Ursünde besteht in der Tatsache, daß der Mensch nicht wie Gott sein will. Der Mensch muß die Macht erobern. Die Theologie der Revolution will, daß der Mensch die Macht von Gott erobert. Die Welt muß nach dem Bilde des Menschen verändert werden. Es sollte überhaupt keinen Himmel geben. Der Glaube an einen persönlichen Gott ist der Sündenfall, der wieder gutgemacht werden muß."

Zwischen Christentum und Kommunismus liegt eine Kluft, die nur in eine Richtung überbrückt werden kann; die Marxisten müssen ihren teuflisch inspirierten Lehrer aufgeben, ihre Sünden bereuen und Nachfolger Christi werden.

Ihnen dabei zu helfen, war das Hauptziel dieser Arbeit.

Marxisten sorgen sich um soziale und politische Probleme. Aber diese wird man außerhalb der Lehre des Marxismus lösen müssen. Denn für Marx war der Sozialismus nur ein Vorwand. Sein Ziel war der teuflische Plan, die Menschheit für immer und ewig zu verderben. Christus dagegen wünscht unsere ewige Erlösung.

Im Kampf des Christentums gegen den Kommunismus kämpfen die Gläubigen nicht „mit Fleisch und Blut, sondern mit Mächtigen und Gewaltigen, mit den Herren der Welt, die in dieser Finsternis herrschen, mit den bösen Geistern unter dem Himmel“ (Eph. 6,12).

Wir wählen hier nicht zwischen abstraktem Gutem und abstraktem Bösem, sondern zwischen Gott und Satan. Marx glaubte an Gott und haßte ihn. Er glaubte auch an Satan und verehrte ihn bis ins hohe Alter, wie oben beschrieben.

Der Durchschnittsmarxist und die Sympathisanten des Marxismus sollten Marx nicht in diese geistliche Verwirrung folgen.

Verwerfen wir den bourgeoisen Marx, den Träger der Finsternis, und Engels, den Fabrikbesitzer und daher – nach marxistischem Dogma – Ausbeuter. Wählen wir statt dessen das Licht der Welt und den ersten Wohltäter der Menschheit, Jesus, den Arbeiter, den Zimmermann.

„Proletarier aller Länder, vergebt mir!“

Es ist schlimm genug, daß der marxistische Satanismus die Welt verwüstet. Daß er auch in hohe Kreise in der Kirche vorgedrungen ist, ist unvorstellbar. Dennoch ist dies der Fall.

Hier nur ein Beispiel: Der verstorbene Papst Johannes Paul I. lobte Giuseppe Carducci, einen italienischen Universitätsprofessor, als ein Vorbild eines guten Lehrers für die Jugend.[192]

Wer ist der Mann, der von keinem geringeren als dem Papst empfohlen wurde?

Carducci wurde durch seine *„Hymne an Satan“* bekannt, die folgendermaßen beginnt: „Mein begeisterter Vers ist für dich bestimmt. Ich rufe dich an, Satan, König des Festes.“ Sie schließt mit: „In Heiligkeit sollen Weihrauch und Schwüre zu dir, Satan, aufsteigen. Du hast Jehova besiegt, den Gott der Priester.“[193]

Es wäre falsch von mir gewesen zu schweigen.

Zum katholischen Priester Werenfried van Straten sagte im Jahre 1949 ein sowjetischer General: „Wir sind Satans Elite, Sie aber, sind Sie Gottes Elite?“

Wir haben in diesem Buch gelesen, wie weit Teufelsanbeter gehen. Möge ihre Hingabe an das Böse für uns ein Ansporn sein, daß wir uns wie Gottes Auserwählte verhalten!

Während der Unruhen in Polen im Jahre 1982 waren spöttische Inschriften an den Wänden zu lesen: „Marx sagte: ‚Proletarier aller Länder, vergebt mir!‘“ anstelle des üblichen „Proletarier aller Länder, vereinigt euch!“.

Mich schauderte, als ich diese Worte las.

Man sagt von Engels, daß er vor seinem Tod bereute. Von Marx wurde nichts Derartiges bekannt; das bedeutet, daß er sich der Hölle überantwortet hat. Im Jahre 1983 begingen viele seinen hundertsten Todestag. Hat er vielleicht in der Hölle ebenfalls seinen Todestag feierlich begangen?

Während ich dieses Buch schrieb, verbrachte ich viele schlaflose Nächte im Gedanken daran, was Marx wohl in der Hölle angesichts der Ströme von Tränen und Blut erdulden muß, die er hervorgerufen hat.

Jesus erzählte eine Geschichte über einen reichen Mann im ewigen Feuer, der nur einen brennenden Wunsch äußerte: daß man seine Brüder warnte, damit sie nicht am selben Ort der Qualen enden müßten.

Hat auch Marx diesen Wunsch – daß man seine Anhänger davor warnt, in seine Fußstapfen zu treten, die in die Verdammnis führen?

Haben die Polen recht, wenn sie Marx die Worte in den Mund legen „. . . vergebt mir"? Schreit er tatsächlich aus dem Feuer heraus – und ich glaube dies wirklich im tiefsten Herzen –: „So bitte ich dich, daß du jemanden sendest zu meinem Haus, denn ich habe noch viele Genossen, daß er sie warne, auf daß sie nicht auch kommen an diesen Ort der Qual" (Luk. 16,27–28).

Die sowjetischen Kommunisten begingen großes Unrecht an ihrer Sache, indem sie sich von Stalin lossagten, der ein Volksheld geworden war. Man kann nur Spekulationen darüber anstellen, warum sie eine solche Umkehrung der Politik zuließen, denn es lag sicher nicht in ihrem Interesse, den Leichnam Stalins aus dem Mausoleum zu entfernen. Ebenso schadeten die chinesischen Kommunisten ihrer eigenen Sache, indem sie sich von Mao lossagten und seine Frau ins Gefängnis brachten.

Vielleicht haben die sowjetischen und chinesischen Kommunistenführer im tiefsten Innern ihrer Seelen gespürt, was heute der brennendste Wunsch ihrer früheren Idole ist, die zu spät bereuen, was sie getan und gelehrt haben.

Was mich betrifft, ich liebe jeden Menschen, auch wenn er Marxist oder Satanist ist. Wenn Marx, Engels und Moses Hess heute noch lebten, wäre mein sehnlichster Wunsch, sie zu Jesus Christus zu bringen, der allein die Antwort auf die Leiden der Menschen und das Heilmittel für seine Sünden hat.

Und nun mein Wunsch an die Leser dieses Buches. Ihr habt mich durch die schrecklichen Seiten dieses Buches begleitet. Nun rate ich euch dringend zu prüfen, wem ihr nachfolgt, bevor es zu spät ist. Verlaßt Satan und seine üblen Horden. Die Geschichte beweist, daß er niemals treu zu seiner eigenen Gefolgschaft hält. Wählt deshalb das Leben und die Liebe, die Hoffnung und den Himmel.

Marxisten und Proletarier aller Länder, versammelt Euch um Jesus Christus!

Anhang

Die marxistische „christliche“ Theologie

Ernesto Cardenal ist ein katholischer Priester und gleichzeitig ein erklärter Kommunist und Mitglied der kommunistischen Regierung von Nicaragua. Er ist einer der bekanntesten Vertreter der sogenannten Theologie der Befreiung, die es sowohl im Katholizismus als auch im Protestantismus gibt und die versucht, das Christentum mit dem Kommunismus zu vermengen.

Hier stelle ich ein paar Auszüge aus seinem Buch „Die Stunde Null“ vor:

„Eine Welt des vollkommenen Kommunismus ist das Reich Gottes auf Erden. Beides ist für mich dasselbe ... In Wirklichkeit bin ich durch das Evangelium zur Revolution gekommen; also nicht durch Karl Marx, sondern durch Christus. Das Evangelium hat mich zum Marxisten gemacht ... Meine Berufung ist die eines Dichters und Propheten ...“

„Castro sagte mir, daß die Eigenschaften eines guten Revolutionärs auch die Eigenschaften eines guten Priesters sind ... Vergessen wir nicht, daß die ersten Christen die besten Christen waren, nämlich revolutionäre und subversive Christen ...“

„Auch der Marxismus ist eine Frucht des Christentums. Ohne das Christentum wäre der Marxismus nicht möglich; Marx wäre ohne die Propheten des Alten Testaments nicht denkbar. Mit der Veränderung des Produktionssystems kann man den neuen Menschen des Evangeliums endgültig schaffen ...“

„Der mexikanische Jesuit José Miranda sagt in seinem Buch ‚Marx und die Bibel‘, daß die Zehn Gebote marxistisch seien, selbst das erste Gebot, Gott zu lieben.

Jehova über alle Dinge zu lieben, bedeutet für ihn die Liebe zur Gerechtigkeit... Wenn die Kirche jemals etwas anderes behauptet hat, so ist das eine Ungeheuerlichkeit."

„Ich glaube, daß auch die Kommunisten zur Kirche gehören. Ich glaube, die wirkliche Kirche Christi schließt viele ein, die sich nicht selbst als Christen verstehen, selbst jene, die sich als Atheisten fühlen. Viele von ihnen gehören eher zur Kirche als manche, die in der römischen Kurie sitzen."

„Seit Konstantin hat sich die Kirche immer mit dem Kapital ins Bett gelegt. Wenn Christen und Marxisten gegenseitig ihre Schriften lesen würden, gäbe es heute keine Konflikte zwischen Christen und Sozialisten... Mir scheint, daß die Arbeiterpriester und Revolutionäre – die fortschrittlichste Gruppe der Kirche – unmittelbar vom Heiligen Geist inspiriert sind."

„Für mich ist der Gott der Bibel auch der Gott des Marxismus-Leninismus... Der Apostel Johannes sagt: ‚Gott, den niemand gesehen hat.' Und die Aussage, die die atheistischen Marxisten machen, scheint der des heiligen Johannes sehr ähnlich zu sein: ‚Gott, den niemand gesehen hat'."

Ein anderer Autor zitiert Cardenal wie folgt: „Ich bin vor allem anderen ein Revolutionär und kämpfe als solcher für ein sozialistisches Land, das sich gerade im Stadium einer Diktatur des Proletariats befindet, in dem es sich gewiß nicht schwach gegenüber den Feinden des Vaterlandes zeigen kann, nicht einmal in Augenblicken, wenn man an den Punkt kommt, an dem man Menschen zu diesem Zweck hinrichten muß."[194]

Es ist wohl leicht ersichtlich, daß ein Mann, der so denkt, keine Schwierigkeit darin findet, das Regime in Kuba als ein Modell der Freiheit anzupreisen.

Die Befreiungstheologie ist kein isoliertes Phänomen.

Sie ist das Nebenprodukt einer allgemeinen Tendenz zur Verschmelzung von Marxismus und Christentum;

diese wird auch in verschiedenen Formen des Kompromisses in Politik, Kunst, Wirtschaft usw. deutlich.

Zwei Juden komponierten das Musical *„The Mass“* für die Einweihung des John-F.-Kennedy-Zentrums für darstellende Kunst im Jahre 1971 in Washington. Inmitten des Kyrieleison, Gloria und Credo heult eine Gruppe von Sängern und Tänzern ihre Zweifel heraus:

„Gott machte uns zum Chef,
Gott gab uns das Kreuz.
Wir machten es zum Schwert,
Um das Wort Gottes zu verbreiten.
Wir benutzen seine heiligen Ratschlüsse,
Um zu tun, was immer wir wollen. Yeah . . .

Gib uns Frieden, den wir nicht ständig brechen.
Gib uns etwas, oder wir nehmen es einfach.
Wir haben genug von deinem himmlischen Schweigen,
Und wir erreichen Taten nur durch Gewalt.“

Die anwesenden „christlichen“ Multimillionäre jubelten. Ihre Frauen, die mit geschlitzten Röcken und dekolletierten Oberteilen ausgestattet und mit Juwelen und Pelzen behängt waren, fielen in den Applaus ein. Diese Musik gehört nun zum allgemeinen Standardrepertoire.

Ich kann Männer wie den Priester Cardenal verstehen. Es gibt einen Kern von Wahrheit in dem von ihm ausgedrückten Gefühl der Solidarität mit den Kommunisten, die ihm als Vorkämpfer der Sache der Armen erscheinen – welche dem Herzen des Christen stets nahe sind.

Hiob wird in der Bibel ein rechtschaffener Mann genannt. Er beschreibt seinen dubiosen Freunden seinen Lebenszweck: „Ich errettete den Armen, der da schrie, und die Waise, die keinen Helfer hatte . . . Ich war ein Vater der Armen, und der Sache des Unbekannten nahm ich mich an. Ich zerbrach die Kinnbacken des Ungerechten und riß ihm den Raub aus den Zähnen" (Hiob 29;12,16,17). Diese Worte könnten von jedem Revolutionär stammen.

Hiob fährt fort: „Ich weinte ja über die harte Zeit, und meine Seele grämte sich über das Elend" (30,25). „Hab ich mißachtet das Recht meines Knechtes oder meiner Magd, wenn sie eine Sache wider mich hatten, was wollte ich tun, wenn Gott sich erhebt?" (31, 13–14). Wahre Gläubige haben schon immer so empfunden.

Die Behauptung Cardenals, daß „die Kirche sich immer mit dem Staat ins Bett gelegt" habe, ist unwahr.

Der Sezessionskrieg in den USA, der zur Abschaffung der Sklaverei führte, war stark beeinflußt von einem Buch einer christlichen Dame, Harriet Beecher Stowe, der Verfasserin von *„Onkel Toms Hütte"*. Sie sagte lediglich: „Der Herr hat es geschrieben."

Bei einer Kommunion hatte sie die Vision eines alten Sklaven, der von einem weißen Rohling zu Tode geprügelt wurde. Dies wurde die Episode von Onkel Toms Prügelstrafe.

Das Buch war eine Dynamitstange in den Fundamenten der Sklaverei, die endlich verschwinden mußte.

Charles Spurgeon, der größte baptistische Prediger des letzten Jahrhunderts, war ein ebenso erbitterter Kämpfer gegen die Sklaverei. Er schrieb: „Wenn die Sklaverei nicht falsch ist, dann ist nichts falsch." Wilberforce, ein Christ und Kapitalist, sorgte lange vor dem amerikanischen Bürgerkrieg dafür, daß im Britischen Empire die Sklaverei abgeschafft wurde. Lincoln, ebenfalls Christ, erließ die Bürgerrechtserklärung, durch die die Sklaven seines Landes befreit wurden.

Die Theologie der Befreiung, welche diese Tatsachen ignoriert, ist in der dritten Welt weit verbreitet. Ihre Theoretiker können sich nur wegen der momentan vorherrschenden wirren Denkweise in der Kirche Christen nennen. Nach katholischen Grundsätzen hätten diese Theologen schon längst aus der Kirche ausgestoßen werden müssen.

Nach dem Dekret des Heiligen Stuhls vom 28. Juli 1949 werden folgende Kategorien von Katholiken exkommuniziert:

Alle, die der kommunistischen Partei angehören;
alle, die für diese auf irgendeine Weise Propaganda betreiben;
alle, die für sie und ihre Kandidaten stimmen;
alle, die für die kommunistische Presse schreiben, diese lesen oder verbreiten;
alle, die in einer kommunistischen Organisation bleiben;
alle, die sich zur materialistischen und antichristlichen Lehre des atheistischen Kommunismus bekennen;
alle, die diese verteidigen und verbreiten.
Diese Bestrafung gilt auch für Parteien, die mit dem Kommunismus gemeinsame Sache machen.

Die revolutionären Theologen gehören also nur formal zur katholischen Kirche, sie haben jedoch einen großen Einfluß unter den Gläubigen. In den orthodoxen Kirchen gibt es ebenfalls eine Tendenz, die geistigen Energien, welche die Religion erweckt und kanalisiert, zum Vorteil des Kommunismus auszunutzen. Dies wird auch der Zweck eines ökumenischen Konzils (des achten) sein, für das die sowjetischen und rumänischen orthodoxen Amtskirchen gerade die Vorbereitungen treffen.

Das Hauptziel dabei wird sein, ein irdisches Paradies zu proklamieren. Dabei wird der Kommunismus mit diesem Paradies und der Kapitalismus mit dem Feind dieses Paradieses gleichgesetzt. Die Kirche wartet nicht länger auf das Erscheinen Jesu in den Wolken des Himmels. Der Triumph des Kommunismus wird mit seiner Ankunft gleichgesetzt werden.

Diese Vorstellung liefert die Erklärung, warum die

Gott hassenden kommunistischen Regierungen von Rumänien, der Tschechoslowakei und anderen kommunistischen Ländern dem Klerus Gehälter zahlen.

Es muß hier gesagt werden, daß es auch zwischen Katholiken und Orthodoxen gegenläufige Tendenzen gibt: Glücklicherweise gibt es Bischöfe, die ein Abgleiten in irdisches Streben fürchten und dafür ein tieferes geistliches Leben suchen.

Was die Protestanten angeht, so erklärte Richard Arens in Anhörungen vor dem US-Kongreßausschuß über unamerikanische Umtriebe am 26. Oktober 1966 als Hauptberater des Ausschusses:

„Bis heute haben wir in der Führung des Nationalen Kirchenrates über 100 führende Personen gefunden, die entweder eine Vergangenheit in einer kommunistischen Frontorganisation hatten oder Dienste für kommunistische Angelegenheiten geleistet haben. Die Gesamtzahl der relevanten Verbindungen dieser Führung geht in die Tausende."

Der Weltkirchenrat hat kommunistische Guerillas in Afrika jahrelang unterstütz.

Der Katholik Gustavo Gutierrez schrieb in *„Die Theologie der Befreiung":* „Die Kirche muß sich inmitten der revolutionären Entwicklung breitmachen." Die lutherische Theologin Dorothee Sölle, Gründerin der „Christen für den Sozialismus", schrieb: „Wir stehen am Anfang eines neuen Kapitels in der Geschichte des Christentums. Es wird nicht ohne Karl Marx geschrieben werden."

Dies sind die offenen und unbestrittenen Tatsachen zu dem, was in der Kirche weltweit vorgeht.

Perfekter Kommunismus: Das Reich Gottes auf Erden?

Cardenal sagt: „Kommunismus und das Reich Gottes sind für mich dasselbe."

Das Wort „Kommunismus" selbst sagt wenig aus. Man versteht darunter nur ein Wirtschaftssystem, in dem jedermann nach seinen Fähigkeiten arbeitet und nach seinen Bedürfnissen Güter erhält. Es wird keinen Staat mehr geben, keine Aufteilung der Welt in Länder, keine Gesellschaftsklassen, denn die Produktionsmittel werden der ganzen Menschheit gehören.

Angenommen, dies könnte erreicht werden: Wo ist dann Gott in diesem Bild? Warum sollte dies gleichgesetzt werden mit dem Reich Gottes? Eine Gesellschaft von Ungläubigen, selbst von Menschen, die Gott hassen und verschmähen, könnte freiwillig oder unfreiwillig in einem solchen Staat leben.

Die Schrift sagt, wenn das Reich des Herrn ist: „Es werden gedenken und sich zum Herrn bekehren aller Welt Enden und vor ihm anbeten alle Geschlechter der Heiden" (Psalm 22,28).

Das Reich Gottes wird keine Gesellschaft ohne Staat sein. Das Volk der Heiligen des Höchsten wird es beherrschen (Daniel 7,27).

Dieses Reich wird nicht von einer politischen Partei geschaffen, sondern Jesus, des Menschen Sohn, wird kommen in sein Reich (Matth. 16,28).

Offensichtlich wird es keines der Übel mehr geben, die die Gesellschaft heute plagen, wie Krieg, Hungersnot, Umweltverschmutzung, soziale Ungerechtigkeit, Ausbeutung, Rassismus usw. Das Reich Gottes wird ein Reich der Rechtschaffenheit sein, ein Reich des Friedens, der Liebe, der Freude und des Rechts, seine eigene Wohnstatt und einen Garten zu haben (Joh. 14,2). Pater Cardenal, der versichert, daß er ein Prophet sei, muß wissen, was sein biblischer Vorgänger Micha sagte: „In den letzten Tagen ... ein jeder wird unter seinem Weinstock und Feigenbaum wohnen" (4,1,4). Der Prophet Jesaja macht dies noch einmal ganz deutlich: „Sie sollen nicht bauen, was ein anderer bewohne, und nicht pflanzen, was ein anderer esse" (65,22). Demzufolge vertritt die Schrift die Idee des Privateigentums.

Wie würde der perfekte Kommunismus in der Realität aussehen? Die vom Menschen erlebte Perfektion ist letztlich das Ergebnis jahrelanger Übung – auf dem Gebiet des Sports, in der Musik, beim Maschinenschreiben oder bei Fertigkeiten jeglicher Art. Ein Violinist perfektioniert seine Spielkunst in einem Beethoven-Konzert, indem er sein Instrument übt. Ein Baseballwerfer kommt zum Erfolg, indem er seinen Ballwurf und seine Technik in intensiver Anstrengung verbessert. Ein Flötenspieler, der seine Kunst übt, wird nicht automatisch ein Fußballstar.

Der perfekte Kommunismus, der als wirtschaftliche Befreiung, Freiheit, Frieden und Gerechtigkeit beschrieben wird, kann nur durch Übung in diesen Disziplinen innerhalb der Gesellschaft erreicht werden, der er zugute kommen soll.

Die Kommunisten haben fast siebzig Jahre lang Hunderte Millionen Menschen eingesperrt, gefoltert und terrorisiert. Wie könnte diese Übung zu einer gerechten, sanftmütigen und liebenden Gesellschaft führen?

Der christliche Kommunismus ist ein utopischer Alptraum. Die Theologie der Revolution ist eine offenkundige Absurdität, ein Widerspruch in sich selbst.

„Denn was hat die Gerechtigkeit zu schaffen mit der Ungerechtigkeit? Was hat das Licht für Gemeinschaft mit der Finsternis? Wie stimmt Christus mit Belial? Oder was für ein Teil hat der Gläubige mit dem Ungläubigen?" (2. Kor. 6,14–15)

„Du kannst nicht Gott dienen *und* dem Mammon", hat Jesus gesagt.

Wähle heute noch, wem du dienen willst.

Literaturverzeichnis

Erklärung der Abkürzungen:

MEGA (Abteilung – Band – Teil – Seitenzahl):
Marx, Karl und Friedrich Engels, *„Historisch-kritische Gesamtausgabe. Werke, Schriften, Briefe“* des Marx-Engels-Instituts, Moskau, herausgegeben von David Rjazanow (Frankfurt/Main: Marx-Engels-Archiv, 1972).

MEW (Band = römische Ziffer, Seite = arabische Ziffer):
Marx, Karl und Friedrich Engels. *„Werke“* (Dietz-Verlag, Berlin 1974).

CW (Band – Seitenzahl):
Marx, Karl und Friedrich Engels. *„Collected Works“ („Gesammelte Werke“)*, (International Publishers, New York 1974).

Payne: Payne, Robert. *„Marx“* (Simon & Schuster, New York 1968). Als „Payne“ angeführt. Hervorhebungen in den Zitaten sind vom Verfasser.

Fußnoten

1 Karl Marx und Friedrich Engels, *„Zur Kritik der Hegelschen Rechtsphilosophie“*, MEGA, I, i (1), 607–608

2 Rev. Paul Oestreicher, *„Sermons from Great St. Mary's“ („Predigten von Great St. Mary's“)*, Fontana, London 1968, S. 278–280

3 Karl Marx, *„Die Vereinigung der Gläubigen mit Christo“*, MEW, Ergänz.-Bd. I, 600

4 Karl Marx, *„Betrachtung eines Jünglings bei der Wahl eines Berufes“*, MEW, Ergänz.-Bd. I, 594. Auch Payne, 34

5 Karl Marx, *„Das Kapital“*, Cherf & Klopfer, The Modern Library, New York 1906, S. 91

6 Karl Marx, *„Archiv für die Geschichte des Sozialismus und der Arbeiterbewegung“*, MEGA, I, i (2), 182–183

7 Karl Marx, „Des Verzweiflenden Gebet“, ebd., S. 30

8 Ebd., S. 30–31

9 Zitiert in *„Deutsche Tagespost“*, 31. 12. 1982

9a Bakunin, *„Works“ („Werke“)*, Bd. III, Berlin 1924, S. 306

10 Karl Marx, „Spielmann“, ebd., S. 57–58

11 Karl Marx, *„Oulanem“*, Akt 1, Szene 1, ebd., S. 60

12 Akt 1, Szene 2, ebd., S. 63

13 Akt 1, Szene 3, ebd., S. 68

14 Karl Marx, *„Der Achtzehnte Brumaire des Louis Bonaparte“*, MEW VIII, 119

14a MEW; I, 344; I, 380; XXVII, 190; VI, 234

14b Nach B. Brecht, *„Works“* (Werke), in 8 Bänden, Bd. I, Frankfurt 1979, S. 651

15 Marx, *„Oulanem“* a.a.O.

16 Ebd.

16a MEW, XXX, 359

16b Paul Goma, *„Piteshti“*

17 Karl Marx, Brief vom 10. November 1837 an seinen Vater a.a.O., S. 218

18 Heinrich Marx, Brief vom 10. Februar 1838 an Karl Marx, a.a.O., 229

19 Heinrich Marx, Brief vom 2. März 1837 an Karl Marx, a.a.O., S. 203
20 Karl Marx, „Hegel", a.a.O., S. 41–42
21 Zitiert in *„Deutsche Tagespost"*, 31. 12. 1982
22 Karl Marx, „Das bleiche Mädchen", ebd., S. 55–57
23 Müllern-Schönhausen, *„The Solution of the Riddle, Adolf Hitler („Die Lösung des Rätsels, Adolf Hitler")*
24 Karl Marx, *„Über die Differenz der demokritischen und epikureischen Naturphilosophie"*, Vorrede, a.a.O., S. 10
25 Jenny von Westphalen, *„Mohr und General, Erinnerungen an Marx und Engels"*, Dietz Verlag, Berlin 1964, S. 273–274
26 Payne, a.a.O., S. 317
27 Ebd.
28 Karl Marx, *„Die Rheinische Zeitung"*, Der Kommunismus und die Augsburger Allgemeine Zeitung, MEGA, I, i (1), 263
29 Moses Hess, Brief vom 2. September 1841 an Berthold Auerbach, MEGA, I, i, (2), 261
30 Georg Jung, Brief vom 18. Oktober 1841 an Arnold Ruge, ebd., S. 261–262
31 Karl Marx, *„Zur Kritik der Hegelschen Rechtsphilosophie"*. Einleitung, MEGA, I, i (1), 614
31a MEW, I, 372, Zitiert nach *„Marx/Engels Studienausgabe"*, I, Karl Marx: Zur Judenfrage
31b MEW, I, 386. Zitiert nach *„ebd."*, „Zur Kritik der Hegelschen Rechtsphilosophie"
32 Hans Enzensberger, *„Gespräche mit Marx und Engels"*, Insel Verlag, Frankfurt/M. 1973, S. 17
33 James Hastings, *„Encyclopaedia of Religion and Ethics" („Enzyklopädie der Religion und Ethik")*, Charles Scribner's Sons, New York 1921, XI, 756
34 Michail Bakunin, *„God and the State" („Gott und der Staat")* Dover Publications, New York 1970, S. 112
35 Roman Gul, *„Dzerjinskii"*, vom Verfasser herausgegeben, in russischer Sprache, Paris 1936, S. 81
36 Enzensberger, a.a.O., S. 407
37 Pierre-Joseph Proudhon, *„Philosophie de la Misère"*

(„Die Philosophie des Elends"), Union Générale d'Editions, Paris 1964, S. 199–200

38 Ebd., S. 200–201

39 Paul Garus, *„History of the Devil" („Die Geschichte des Teufels"),* Bell Publishing Co., S. 435

39a Heinrich Heine, *„Works" („Werke"), Bd. I, S. LXIV*

40 Charles Boyer, *„The Philosophy of Communism" („Die Philosophie des Kommunismus")*, 10. The Political Atheism of Communism (Der politische Atheismus des Kommunismus), von Igino Giordani, Fordham University Press, New York 1952, S. 134

41 Karl Marx, „Spielmann", a.a.O.

42 Jerry Rubin, *„Do it" („Tu es")*, Simon & Schuster, New York 1970, S. 249

43 Karl Marx, „Menschenstolz", MEGA, I, i (2), 50

44 Karl Marx, Brief vom 10. November 1837 an seinen Vater, ebd., S. 219

45 Georg Jung, Brief vom 18. Oktober 1841 an Arnold Ruge, ebd., S. 261–262

46 Arnold Künzli, *„Karl Marx, Eine Psychographie"*, Europa Verlag, Zürich 1966

47 David Rjazanow, *„Karl Marx: Man, Thinker und Revolutionist" („Karl Marx als Denker, Mensch und Revolutionär")*, International Publishers, New York 1927

48 Rolv Heuer, *„Genie und Reichtum"*, Bertelsmann Sachbuchverlag, Wien 1971, S. 167–168

49 Karl Marx, Brief vom 27. Februar 1852 an Friedrich Engels, MEW, XXVIII, 30

50 Friedrich Engels, Brief vom 2. März 1852 an Karl Marx, ebd., S. 33

51 Karl Marx, Brief vom 8. März 1855 an Friedrich Engels, ebd., S. 438

52 Karl Marx, Brief vom 2. Dezember 1863 an Friedrich Engels, MEW, XXX, 376

53 Franz Mehring, *„Karl Marx – Geschichte seines Lebens"*, Dietz Verlag, Berlin 1964, S. 99–100

54 Ebd., S. 97

55 Ebd., S. 100

56 Bruno Bauer, Brief vom 6. Dezember 1841 an Arnold Ruge, MEGA, I, 1 (2), 263

57 A. Melskii, *„Evangelist Nenavisit“ (Der Evanglist des Hasses – Das Leben von Karl Marx“)*, Za Pravdu Publishing House, Berlin 1933, in russischer Sprache, S. 48
58 Friedrich Engels, *„Dialektik der Natur“*, Einleitung, MEW, XX, 312
59 Friedrich Engels, Gedicht, wahrscheinlich Anfang 1837 geschrieben, MEGA, I, ii, 465
60 Friedrich Engels, Brief von Juli 1839 an die Brüder Graber, ebd., S. 531
61 Friedrich Engels, *„Schelling und die Offenbarung“*, MEGA, S. 247–249
62 Karl Marx und Friedrich Engels, *„Selected Works“ („Ausgewählte Werke“)*, Lawrence and Wishart, London 1958, S. 52
63 Ossip Flechtheim, *„The Communist Party of Germany in the Weimar Republic“ („Die Kommunistische Partei Deutschlands in der Weimarer Republik“)*, Offenbach 1948
64 Künzli, a.a.O., S. 187
65 Bertram Wolfe, *„Marxism – One Hundred Years in the Life of a Doctrine“ („Marxismus – Hundert Jahre im Leben einer Doktrin“)*, The Dial Press, New York 1965, S. 32
66 Karl Marx und Friedrich Engels, *„The Russian Menace to Europe“ („Die russische Bedrohung Europas“)*, The Free Press, Glencoe 1952, S. 63
67 Nach Bertrand Wolfe, *„Marxism“*, The Dial Press, New York 1965
68 Engels, MEW, VI, 176
68a *„Deutschland Magazine“*, Februar 1985
69 Zitiert nach Nathaniel Weyl, *„Karl Marx: Racist“ („Karl Marx: Rassist“)*, Arlington House, New Rochelle, N.Y.
70 Karl Marx, MEW, XXXV, 122
71 Chushichi Tsuzuki, *„The Life of Eleonor Marx“ („Das Leben von Eleonor Marx“)* Clarendon Press, Oxford 1967, S. 85
72 Frederick Tatford, *„The Prince of Darkness“ („Der Fürst der Finsternis“)*, Bible & Advent Testimony Movement, Eastbourne 1967
73 Sergius Martin Riis, *„Karl Marx, Master of Fraud“ („Karl*

Marx, Meister der Täuschung") Robert Speller, New York 1962, S.11

74 Edgar Marx, Brief vom 31. März 1854 an Karl Marx, MEW, II, 18

75 Jenny Marx, Brief (nach 11. August 1844) an Karl Marx, MEW, Ergänz.-Bd. I, 652

76 Franz Mehring, a.a.O., S. 18

77 Franz Mehring, *„Karl Marx – The Story of His Life" („Karl Marx – Seine Lebensgeschichte")*, Covici, Friede, New York 1935, S. 32

78 Karl Marx, Brief vom 20. Mai 1882 an Friedrich Engels, MEW, XXXV, 65

79 Walter Kaufmann, *„Hegel"*, Doubleday, Garden City 1965, S. 288

80 W. Iljitsch Lenin, *„Vollständige Werke"*, Verlag für politische Literatur, Moskau 1964, in russischer Sprache, Bd. 48, S. 226–227

81 Ebd., Bd. 45, S. 86

82 Ebd., Bd. 54, S. 86–87

83 „Budilnik", Rußland, Nr. 48, von 1883. Zitiert in *„The New Review"*, New York 140/1980, S. 276

84 George Katkov, *„The Trial of Bukharin" („Der Prozeß Bucharins")*, B. T. Batsford Ltd., London 1969, 1, S. 29

85 Roy Medvedey, *„Let History Judge" („Die Geschichte soll urteilen")*, Alfred Knopf, New York 1971, S. 183

85a F. J. Raddatz, *„Karl Marx"*, Berlin 1925, S. 32

85b Boris Souvarine, *„Stalin"*

85c MEW, XXVII, 292

86 Milovan Djilas, *„Strange Times" („Seltsame Zeiten")*, „Kontinent" 33, S. 25

87 Ebd.

88 Swetlana Alliluyewa, *„20 Briefe an einen Freund"*, S. 90

89 Paloczy Horvath, *„Stalin"*, Bertelsmann Verlag

90 Abdurakhman Avtorkhanov, *„Verbrecher im Bolschewismus"*, in russischer Sprache, Possev Verlag, Frankfurt/M., Grani Nr. 89–90, S. 324–325

91 Ders., *„Die Herkunft der Partokratie"*, in russischer Sprache, Possev Verlag, Frankfurt/M. 1973, S. 198–201

92 *„Express"*, Paris, 6. Oktober 1979

93 *„Tempo"*, Italien, 1. November 1979

94 P. Underwood, *„The Vampire's Bedside Companion" („Die Bettlektüre des Vampirs")*, Frewin

95 H. Knaust, *„Das Testament des Bösen"*

96 Manfred Zach, *„Mao Tse-tung"*, Bechtle Verlag, Esslingen 1969, S. 13

96a MEW, V, 457

96b MEW, XXXI, 191; XXV, 179

96c MEW, VI, 283; VI; 286; VI, 279

96d Lenin, *„Collected Works", („Gesammelte Werke")*, Bd. 32, S. 281

97 Alexander Solschenizyn, *„The Gulag Archipielago" („Der Archipel Gulag")*, Harper & Row, New York 1973, Bd. I–II, 173

98 *„Russkaja Misl" („Russisches Denken")*, in russischer Sprache, Paris, 13. März 1975

99 Rev. Dr. I. Nahyewsky, „Spomyny Polovoho Dykhovnyka", *„America"*, 7. Oktober 1982, Bd. 1XX1, Nr. 176, S. 4, 18

100 Lenin, *„Military Correspondence" („Militärische Korrespondenz")*, Moskau 1954, S. 148

101 Trotzki, *„Stalin"*, zitiert nach *„Novii Journal"* 158/85

102 Pierre Daix, *„Picasso, Der Mensch und sein Werk"*, S. 8

103 Ebd., S. 195

104 Aleister Crowley, *„The Book of Thoth" („Das Buch von Thoth")*, Berkeley 1904, S. 135

105 Ebd., S. 134, 135

106 Ebd., S. 137

107 *„Sowjetskaja Molodjodsch" („Sowjetische Jugend")*, „Dein Reich werde vernichtet", in russischer Sprache, Moskau, 14. Februar 1976, S. 4

108 *„Rhein-Neckar-Zeitung"*, „Kultusminister antwortet Studentenpfarrer", Heidelberg, 5. Februar 1968

109 *„Paris-Match"*, 10. Dezember 1982

110 *„Kommunism Uzwara" („Sieg des Kommunismus")*, in litauischer Sprache, Riga, April 1974

111 Anatolij Levitin-Krasnov, *„Böse Jahre"*, Rex Verlag, Luzern 1977, S. 144–145

112 *„Praswoslawnaja Rus" (Orthodoxes Rußland")*, „Satansanbeter", in russischer Sprache, Nr. 20, San Francisco 1977, S. 9–12

113 D. Bacu, *„Piteshti"*, in rumänischer Sprache, Colectia Dacoromania, Madrid 1964, 71, 187
114 *„Cuvantul Romanesc"*, Kanada, Februar 1980
115 Hermann Hartfeld, *„Irina"*, Christian Herald Books, Chappaqua, N.Y. 1981
116 Karl Marx, *„Theorie des Mehrwerts"*, S. 375
117 A. Reghelson, *„Die Tragödie der russischen Kirche"*
118 *„Catacombes"*, Frankreich, September 1980
119 Salu Ndebele, *„Guerilla for Christ" („Guerilla für Christus")*, Fleming H. Revell, New Jersey, S. 9–10
120 *„Impact"*, Schweiz, Februar 1981
121 „Chronik der Litauischen Katholischen Kirche", Nr. 44, 1918
122 Pfarrer Dudko, *„O nashem upovanti" („Über unsere Hoffnung")*, in russischer Sprache, YMCA press, Paris 1975, S. 51
123 Igor Shafarevitch, *„La Legislation sur la religion en URSS" („Die Religionsgesetzgebung in der UdSSR")*, Seuil, Paris 1974, S. 67–71
124 Sheila Ostrander und Lynn Schroeder, *„PSI; Die wissenschaftliche Erforschung und praktische Nutzung übersinnlicher Kräfte des Geistes und der Seele im Ostblock"*, 6. Aufl. 1972
125 *„Nowje Russkoje Slowo" („Neue Russische Sprache")*, „Parapsychologie in der UdSSR", in russischer Sprache, New York, 30. Juli 1975
126 MEW, II, 9
127 Bakunin, *„Works" („Werke")*, Bd. III, S. 206
128 Zitiert nach Arnold Künzli, *„Karl Marx, a Psychography" („Karl Marx, eine Psychographie")*, Wien 1966, S. 403
129 MEW, XXVII, 107
130 MEW, XXXII, 351
131 *„Christian News", („Christliche Nachrichten)"*, 4. März 1985
132 Montgomery Hyde, *„Stalin"*, Rupert Hart-Davis, London, S. 28–29
133 Karl Markus Michel, *„Politische Katechismen: Volney, Kleist, Hess"*, Insel Verlag, Frankfurt/M. 1966, S. 71–73

134 Hess, Brief vom 2. September 1841 an Berthold Auerbach, MEGA, I, i (2), 261
135 Jung, Brief vom 18. Oktober 1841 an Arnold Ruge, ebd.
136 Moses Hess, *„Rome and Jerusalem“ („Rom und Jerusalem“),* Philosophical Library, New York 1958, S. 10
137 Ebd., S. 15
138 Moses Hess, *„Ausgewählte Schriften“*, Melzer Verlag, Köln 1962, S. 229
139 Hess, *„Rome and Jerusalem“*, a.a.O., S. 18
140 Hess, ebd., S. 27
141 Hess, *„Ausgewählte Schriften“*, a.a.O., S. 236–237
142 Ebd., S. 308
143 Ebd., S. 243
144 Ebd., S. 324
145 *„Kommunistisches Bekenntnis in Fragen und Antworten“*, ebd., S. 190
146 *„Die eine und ganze Freiheit“*, ebd., S. 149
147 *„Philosphie der Tat“,* ebd., S. 138
148 Edmund Silberner, *„Moses Hess“*, Brill, Leiden 1966, S. 31
149 Ebd., S. 32
150 Ebd., S. 121
151 Ebd., S. 421
152 Dudko, a.a.O., S. 53
153 Silberner, a.a.O., S. 421
154 Ebd.
155 Ebd., S. 418
156 Moses Hess, *„Philosophische Sozialistische Schriften. 13. Über das Geldwesen“*, Akademie-Verlag, Berlin 1961, S. 345
157 Hess, *„Rome and Jerusalem“*, a.a.O., S. 44
158 Ebd., S. 10
159 Moses Hess, *„Briefwechsel“*, Brief vom 9. Dezember 1863 an Lassalle, Mouton & Co., Den Haag 1959, S. 459
160 Karl Marx, *„Das Kapital“*, MEW, XXIII, 779
161 G. W. F. Hegel, *„Werke. Fragment über Volksreligion und Christentum“*, Suhrkamp, Frankfurt/M. 1971, I, S. 35–36
162 U. Steklov, *„M. A. Bakunin, His Life and Activity“ (M.*

A. Bakunin, sein Leben und seine Taten"), Bd. 3, Literatur-Verlagshaus, Moskau 1937, S. 435
163 Zitiert nach Robert Payne, *„Lenin"*, Rütten & Loening, München 1965, S. 11, 20
164 Dostojewski, *„The Demons"*, Bd. 10, S. 312
165 Ebd., S. 322. Zitiert nach Milovan Djilas, *„Die neue Klasse"*, 1958, S. 221–222
166 Nach Dostojewski, *„Complete Works"*, Bd. 10, S. 324
167 Volodin, *„Tchernishevsky or Netchaiev"*, Koriakin and Pleeman, Moskau 1976, S. 247
168 Zitiert nach: Payne, *„Lenin"*, a.a.O., S. 14
169 Volodin, a.a.O., S. 223
170 E. S. Wilenskaia, *„Revolutionist Underground in Russia" („Revolutionärer Untergrund in Rußland")*, Moskau 1965, S. 398
171 Volodin, a.a.O.
172 *„Russkaja Misl"*, 17. November 1983
173 Volodin, a.a.O., S. 155
174 P. F. De Villemarest, *„Les Pourvoyeurs du Goulag" („Die Gulag-Aufseher")*, Bd. III, Famot, Genf 1976, S. 233ff.
175 Dr. Lawrence Pazder, *„Michelle Remembers" („Michelle erinnert sich")*, Condon & Littes, New York 1982
176 *„Selections from Nietzsche" („Nietzsche-Auswahl")*, Viking, New York 1954, S. 600
177 *„Weekly World News" („Wöchentliche Weltnachrichten")*, 2. 2. 1983
178 *„Iunii Kommunist"*, Moskau, Dezember 1984
179 David Rjazanow, *„Karl Marx als Denker, Mensch und Revolutionär"*, Verlag für Literatur und Politik, Wien 1928, S. 149–150
180 Künzli, a.a.O., S. 352
181 Moshe Glickson, *„The Jewish Complex of Karl Marx" („Der Judenkomplex von Karl Marx")*, Herzl Press, Pamphlet Nr. 20, New York 1961, S. 40
182 Künzli, a.a.O., S. 361
183 Ebd., S. 372–373
184 Karl Marx, Brief vom 16. Januar 1861 an Lassalle, MEW, XXX, 578

185 Payne, *„Marx“*, a.a.O., S. 306

186 William Tyndale, *„Works“ („Werke“)*, Parker So., 1849, zitiert im *„Oxford English Dictionary“*, Bd. VIII; Clarendon Press, Oxford 1933, S. 735

187 Zitiert nach William Shakespeare, *„Die großen Dramen“*, in 10 Bänden, Bd. 8, „Ein Sommernachtstraum“, Insel Verlag Frankfurt/M. 1981, S. 21

188 *„Svenska Dagbladet“ („Schwedisches Tageblatt“)*, „Eine unvergeßliche Nacht“, in schwedischer Sprache von Alexei Stjusev, Stockholm, 17. Januar 1948

189 Solschenizyn, a.a.O., Bd. III–IV, S. 10

190 *„Nauka I Religia“ („Wissenschaft und Religion“)*, in russischer Sprache; Wurmbrand auf Vortragsreise; Bd. 12, Moskau, Dezember 1976, S. 73–76

191 *„Idea“*, 3. Juni 1983

192 *„Osservatore Romano“*, 17. September 1978

193 Zitiert nach Gerhard Zacharias, *„The Cult of Satan and the Black Mess“ („Der Satanskult und die schwarze Messe“)*

194 INF von *„Aide à l'Eglise en détresse“*, April–Juni 1980

In dieser Chronik alle noch lieferbaren
Wurmbrand-Bücher.

Richard Wurmbrands Lebenswerk, das in dieser Chronik erzählt und erläutert wird, läßt uns etwas spüren vom Geist der ersten Christen, die nach dem Grundsatz lebten: „Sei getreu bis in den Tod, so will ich dir die Krone des Lebens geben".

14 Jahre Gefängnis hat Wurmbrand diese Treue gekostet, und wenn er in seinen Büchern von seinen Leidensgenossen berichtet, die auch heute noch um ihres Glaubens willen verfolgt werden, und wie aus diesem Leid keine schrumpfende, sondern eine wachsende Gemeinde entstanden ist, dann trägt er maßgeblich dazu bei, die heutige Christenheit zu neuem Leben zu erwecken.

Der Autor schreibt dazu:

„Mit dieser Stephanus-Chronik habe ich versucht, Wurmbrands literarisches Wirken im Zusammenhang mit seiner Missionsarbeit zu überblicken und gleichzeitig in Bildern und Texten über sein Leben und seine Aufgabe zu erzählen. Deshalb lasse ich hauptsächlich ihn selbst sprechen."

Hans Martin Braun im Sommer 2001

WEITERE BÜCHER DER STEPHANUS EDITION

Wurmbrand	„Vollkommener Segen“
Peters	„Greenpeace – die verborgenen Gefahren“
Braun	„Gott spricht Chinesisch“
Marron	„Der Militärmantel – Bericht von der Untergrundkirche in China“
Kumar	„Christentum für Skeptiker“
Pienisch	„Gott erleben hinter Stacheldraht“
Mischka	„Das neue Russland“
Krachmalnikowa	„Höre Gefängnis“
Whalin/Woehr	„Der wahre leuchtende Pfad“
Siemens/Poplawkin	„Hirten, Spitzel und Gemeinde“
George	„Operation Halbmond“
Sahid	„Christen und Moslems“
Lerle	„Das große Versagen“
Braun	„Flug über die Grenze“
Onnen	„Der heruntergekommene Gott“
Braun	„Der Tausch“

Leseprobe aus dem Buch „Erreichbare Höhen“ – Tägliche Andachten von Richard Wurmbrand, Andacht vom 20. Mai. (464 Seiten GB, Euro 9.00)

„Sehet ihr Verächter, und verwundert euch, und werdet zunichte.“ (Apg. 13,41)

Paulus zitiert hier den Propheten Habakuk. In apostolischer Vollmacht fügt er den Worten des Alten Testaments hinzu: „und werdet zunichte“, ein Wort der Verdammung an die Verächter des Evangeliums. Der Herr Jesus hatte die Zerstörung Jerusalems vorausgesagt. Er hatte einen Feigenbaum verflucht, und er verdorrte.

Und hier warnt Paulus den jüdischen Staat, daß er zunichte werde – und so geschah es innerhalb kurzer Zeit. Erst in jüngster Zeit hat Gott in seinem Erbarmen den Staat Israel wieder entstehen lassen und die zerstreuten Schafe wieder gesammelt.

Es scheint uns ungewöhnlich, daß der Apostel zu seinen Gegnern sagte: „Werdet zunichte“. Wir wissen doch, daß Gott die Liebe ist. Er ist Liebe, aber die Bibel sagt uns nirgends, daß er nur Liebe ist. Man kann Gott mit dem einen Wort Liebe nicht erschöpfend beschreiben. Man kann nicht einmal einen Menschen mit nur einem Wort beschreiben. Ich bin ein Christ, aber zugleich bin ich auch ein Mann, ein Pfarrer, ein Sünder, ein Vater; und so fort. Genauso ist auch „Liebe“ nur *eine* Eigenschaft Gottes. Es gibt aber auch die Gerechtigkeit, der Zorn, der Schrecken Gottes, die in der Bibel genauso deutlich ausgedrückt sind wie die Liebe. Nachdem Paulus das Hohelied der Liebe in 1. Korinther 13 geschrieben hatte, schrieb er im gleichen Brief (16,22): „Wenn jemand den Herrn nicht liebt, der sei verflucht!“

Christen haben die Macht zu lösen und zu binden, zu segnen und zu fluchen. Sie lieben ihre Gegner als Einzelne und versuchen alles, damit sie gerettet werden, aber zu den sie verfolgenden Organisationen sagen sie in prophetischer Sicht: „Werdet zunichte!", und sie werden vergehen. Erinnern wir uns an Dschingis-Khan und seine starken Tataren? Ohne Düsenflugzeuge und Atomwaffen fegten sie im dreizehnten Jahrhundert von China bis nach Mitteleuropa. Für seine Eroberungen brauchte er weniger Zeit als die Sowjetrussen. Aber er ging dahin, er starb. Wir fürchten die riesigen Waffenarsenale der Feinde des Evangeliums nicht. Denken Sie an Suleiman den Prächtigen und seine überwältigenden Türken. Die Christen beteten und sprachen das Wort des Gerichts aus: „Werdet zunichte!" Der Feind wurde vernichtet. Geistliche Waffen sind mächtig. Sie sind tödlich.

Ein Wort von Petrus, und die untreuen Christen Ananias und Saphira sanken tot um.

Leseprobe aus dem Buch „Vollkommener Segen“ von Richard Wurmbrand. (240 Seiten GB, Euro 10.50)

Verzweifle nicht, wenn die Sterne verblassen; es ist das Zeichen dafür, daß die Sonne bald aufgehen wird. Verzweifle nicht, wenn rauhe Winde wehen; die Stürme gehen nur darum über den Garten Christi hinweg, damit sie seinen guten Duft verbreiten. Dante schrieb vom „guten Leiden, das uns wieder mit Gott vermählt“.

Als Shakespeare Liebe, Freundschaft und Gesundheit verloren hatte, schrieb er *The Tempest*. Und ohne dieses Werk wäre die Menschheit ärmer.

In Zeiten des Leidens ist es am besten, stille zu sein. Als Jeftah seiner Tochter eröffnete, daß er sie Gott zum Opfer versprochen habe, lautete ihre Antwort: „Hast du deinen Mund aufgetan vor dem Herrn, so tu mit mir, wie dein Mund geredet hat“(Richter 11,36).

Wenn dein himmlischer Vater beschließt, dich zu opfern, deine Freude, deine Gesundheit, deine Freiheit, deine Position – wenn er dies in seiner geheimnisvollen Weisheit tut, dann verhalte dich wie die Tochter des Jeftah, auch wenn du seine Absicht nicht verstehst. Denke daran, daß von den brennenden Öfen in Auschwitz, wo Juden gelitten haben, und von den kommunistischen und islamischen Gefängnissen, in welchen Christen um ihres Glaubens willen noch heute leiden, Warnung und Hoffnung wie gebündelte Lichtstrahlen aufleuchten.

Bleibe still, auch in Zeiten tiefsten Leides, wenn dir etwa ein geliebter Mensch genommen wird. Beim letzten Abendmahl sagte Jesus zu seinen Jüngern: „Es ist gut für euch, daß ich weggehe“ (Joh. 16,7). Diese Worte können für jeden Sterbenden zutreffen.

Gott liebt dich trotz allem. Wie könnte er es zulassen,

daß dir ein geliebter Mensch genommen wird, wenn es nicht zu seinem und deinem Besten wäre?

Jene, die in der unsichtbaren Welt des Geistes leben, erblicken im Tod eines Freundes eine Erlösung und nicht eine Trennung. Wer stirbt, tauscht Schatten und Vorstellungen gegen die Wahrheit. Selbst wer in die Hölle fährt, kennt dann die Wahrheit.

Als Johannes Chrysostomus nach dreimonatiger Reise in Komana, dem Ort seiner Verbannung, angekommen war, erschien ihm in einer Vision Basilikus, der eben dort als Märtyrer gestorben war, und sagte zu ihm: „Nur Mut Bruder, morgen werden wir zusammen sein." Chrysostomus starb am nächsten Tag, und seine letzten Worte waren: „Ehre sei Gott, Amen." In den Tiefen der Seele, die uns nicht zugänglich sind, mag manch ein von uns betrauerter Verstorbener eine entsprechende Vision empfunden haben.

Begegne allem gelassen und ruhig. Wenn die Sterne verblassen, geht die Sonne auf.

Leseprobe aus dem Buch „Christus auf der Judengasse“ von Richard Wurmbrand. (288 Seiten GB, Euro 10.50)

Einst gab es ein Land, in dem zwei große Maler lebten. Das Land war gespalten: die eine Hälfte der Bevölkerung gab dem einen Maler den Vorzug, während sich die andere dem zweiten zuwandte.

Man bat den König jenes Landes um sein Urteil. Er ließ den Marmorsaal in seinem Palast durch einen Vorhang teilen und befahl dem ersten Maler, etwas, das ihm gefiel, auf die eine Wand des Saales zu malen. Dann befahl er dem zweiten Maler zu kommen und hieß ihn auf der gegenüberliegenden Wand zu beginnen. Der erste Maler, ebenso talentiert wie eingebildet, machte sich sofort an die Arbeit und – von seinen Schülern unterstützt – malte er viele wundervolle Dinge. Sein Kollege auf der anderen Seite war ein bescheidener Mann. Er sagte zu seinen Schülern: „Es wäre eine Torheit, würde ich versuchen, mit meinem ausgezeichneten Rivalen zu konkurrieren. Ich kann nicht so gut malen wie er. Aber ich bitte euch, etwas anderes zu tun: bleibt hier von morgens bis abends und poliert den Marmor, bis ihr ihn zum Glänzen gebracht habt.“ – Und so geschah es. Während sie auf der einen Seite des Vorhangs malten, wurde auf der anderen Seite die Wand poliert. Am festgesetzten Tag kam der König, um sich die Arbeit der beiden Maler anzusehen. Er bewunderte die Arbeit des ersten Malers und sagte, er habe noch nie schönere Bilder gesehen. Dann befahl er den Vorhang beiseite zu schieben, damit er sehen könne, was der andere Maler vollbracht habe. Erstaunt trat er zurück. Die Bilder, die der erste Künstler gemalt hatte, spiegelten sich in dem Marmor, den der andere zum Glänzen gebracht hatte, und ihre Schönheit war blendend. Der zweite Maler erhielt den Preis.

Die Moral dieser Geschichte ist sehr einfach: nur ein stolzer Mensch könnte sich für fähig halten, wie Jesus zu leben. Das Gebot „Werdet wie Jesus“ wurde uns, gleich allen anderen Geboten in der Bibel, nicht deshalb gegeben, um es zu erfüllen, sondern nur damit wir verstehen – als Folge unserer ständigen erfolglosen Versuche –, daß es für uns nicht möglich ist, es zu verwirklichen, und wir die Tiefe unserer Sünde begreifen. Wir sollen nicht versuchen, wie Jesus zu leben, sondern täglich unser Herz durch konzentrierte Meditation und intensiven Glauben „zum Glänzen bringen“ – dann wird sich die Schönheit Jesu in uns widerspiegeln. Das Bild wird sogar schöner als das seines eigenen Lebens sein. Denn der lebendige Christus, der in einem menschlichen Wesen verkörpert ist, das gebrochen und verlorengegangen war, ist schöner als der von einer Jungfrau geborene lebendige Christus.“